약사경 우리말 사경본

원순스님 · 한글 사경

약사경 우리말 사경본

도서출판 법공양

【삼귀의】

귀의불 양족존
歸依佛 兩足尊
거룩한 부처님께 귀의합니다.

귀의법 이욕존
歸依法 離欲尊
거룩한 가르침에 귀의합니다.

귀의승 중중존
歸依僧 衆中尊
거룩한 스님들께 귀의합니다.

【칠불통계】

제악막작
諸惡莫作
오늘도 나의 허물 되돌아보며

중선봉행
衆善奉行
맑고도 향기로운 삶을 살면서

자정기의
自淨其意
하늘 빛 푸른 소원 참마음으로

시제불교
是諸佛教
부처님 가르침을 꽃피우소서.

【사홍서원】

중생 무변 서원도
衆生 無邊 誓願度
중생을 다 건지오리다.

번뇌 무진 서원단
煩惱 無盡 誓願斷
번뇌를 다 끊으오리다.

법문 무량 서원학
法門 無量 誓願學
법문을 다 배우오리다.

불도 무상 서원성
佛道 無上 誓願成
불도를 다 이루오리다.

* 팔관재계八關齋戒에서 '관關'은 허물이 일어나지
  않게 막는 것이요, '재齋'는 맑고 깨끗한 삶이며
  '계戒'란 지켜야 할 것을 말한다.
  여덟 가지 계를 잘 지키면 '맑고 깨끗한 삶'의
  뿌리가 저절로 형성된다.

* 팔관재계는 매달 음력 1일, 8일, 14일, 15일, 18일, 23일,
  24일, 28일, 29일, 30일인 십재일에 받아 지녀
  부처님의 복덕과 지혜를 닦아나가는 방편이다.
  십재일은 나쁜 기운이 드세어 사람의 몸을 해치고
  마음을 어지럽히는 날이다.
  그러므로 부처님께서는 여덟 가지 계와
  한낮이 지나면 음식을 먹지 않는 재법齋法으로
  모든 중생이 복덕과 지혜를 길러
  세상의 괴로움에서 벗어나게 하였다.

❰팔관재계❱

하룻낮 하룻밤 동안

불비시식不非時食

때가 아니면 먹지 않는 '맑고 깨끗한 삶'을 살아야 합니다.

하룻낮 하룻밤 동안

1. 중생의 생명을 빼앗지 않고 '자비로운 삶'을 살아야 합니다.

2. 도둑질 하지 않고 '마음이 넉넉한 삶'을 살아야 합니다.

3. 인간관계를 나쁘게 맺지 않고 '행복한 삶'을 살아야 합니다.

4. 거짓말하지 않고 '진실한 삶'을 살아야 합니다.

5. 술을 마시지 않고 '지혜로운 삶'을 살아야 합니다.

하룻낮 하룻밤 동안

6. 향수나 꽃으로 몸을 꾸미지 않고 '편안한 삶'을 살아야 합니다.

7. 춤이나 노래로 마음이 들뜨지 않고 '고요한 삶'을 살아야 합니다.

8. 높은 자리에 앉지 않고 '마음을 비우는 삶'을 살아야 합니다.

불기 25   년   월   일   수계행자   정례(頂禮)

사경 공덕을 찬탄하며

법화경에서 부처님은 다음과 같이 말씀하셨습니다.

"보현보살이여, 법화경을 받아 지녀 읽고 외우면서 바르게 옮겨 쓰는 사람이 있다면, 이는 여래를 몸소 만나 이 경전을 들은 것과 같은 줄 알아야 한다. 경전을 세상에 유포하는 사경 공덕은 여래에게 법공양을 올리는 것이니, 여래께서는 이 사람을 찬탄하고 머리를 어루만져 주며, 세세생생 여래의 옷으로 온갖 고난을 덮어 없애 줄 것이다."

염불도 뜻을 알고 해야 부처님의 가피가 커지듯, 단순히 경전을 따라 쓰는 것을 넘어서 부처님 가르침을 알아가는 사경이야말로 불자의 기도이며 수행이므로 부처님께서는 이처럼 그 공덕을 찬탄 하십니다.

'염불'이 부처님의 세상을 마음속에 피워내며 부처님 삶을 살아가게 한다면, '사경'은 부처님 가르침이 담긴 경전을 옮겨 씀으로써 전생 의 업을 녹이며, 부처님 지혜 종자를 심어 부처님 세상으로 가게 하기 때문입니다.

한 글자씩 정성스럽게 부처님의 가르침을 옮겨 쓰는 사경 불사는 부처님 가르침대로 살고자 하는 원력이 담겨 있습니다. 경전을 오랫동안 반복해서 옮겨 쓰다 보면 자연스레 경전의 글귀도 외워지고 그 안에 담긴 부처님 가르침도 오롯이 마음속에 피워낼 수 있으므로 올바른 수행이 되는 것입니다.

그러므로 사경을 할 때는 몸과 마음을 정갈히 하고 깨끗한 장소에서 마음을 집중하여 한 자 한 자 정성을 다해 써 나가야 합니다. 성스러운 부처님을 모신 곳에서 부처님을 바라보며 하거나, 향을 피우는 의식도 좋습니다. 사경을 할 때는 처음부터 끝까지 한결같이 조급한 마음도 또한 게으른 마음도 내지 말아야 합니다. 거문고의 줄을 고르듯 한 획 한 획 마지막까지 붓에 힘을 싣는 정성으로 집착과 시비 분별하는 마음을 비워 부처님 마음자리로 들어가야 합니다.

사경을 한 뒤에는 오색 비단 보자기에 싸서 이 경전을 깨끗하고 높은 자리에 모셔 놓으면, 사대천왕과 모두 천신들이 모두 그 장소로 나아가 공양을 올리고 이 경전을 지키며 보호하니, 이 세상에서 횡사하는 일도 없고 다시는 나쁜 세상 어디에도 떨어지지 않습니다.

부처님을 믿는 마음이 두터워져 무거운 업장이 소멸되니, 이 공덕으로 인연 있는 영가들이 왕생극락하며 자신에게 올 온갖 질병이나 재난 구설수도 사라지게 됩니다.

이로 인해 가정이 화목해지고 자손들의 앞길이 환하게 열리니, 얼굴에 늘 향기로운 미소가 넘쳐흐릅니다.

어리석지 않으므로 좋은 인연을 만나 생업이 번창하니, 뜻하는 바가 반드시 이루어질 것입니다. 언제나 삼세 모든 부처님과 팔부신장이 보살피니 이 세상에 두려워할 일이 없습니다.

사경 행자시여, 삼세 모든 부처님이 지키고 보호하니, 그 가피로 온갖 장애와 번뇌에서 벗어나, 뜻한 대로 소원이 다 이루어져 행복한 부처님 세상과 늘 함께 하소서.

부처님을 믿는 마음 경을 쓰는 지극정성
빛으로서 오는 복덕 온갖 공덕 회향함에
온갖 질병 재난 구설 지금 모두 사라지니
눈길 가는 모든 곳이 눈이 부신 극락정토.

2020년 11월 20일 송광사 산모퉁이
인월행자 두 손 모음

차례

【사경 발원문】

(   ) 사경 제자는

부처님 전에 발원하오니
약사경의 가르침을 받아 지녀 날마다
정성껏 읽고 쓰고 외우겠습니다.

사경에서 나오는 온갖 공덕을
남김없이 우리 이웃에 회향하여
향기로운 부처님 세상을 꽃피우고자 하오니

시방 삼세 모든 부처님께서는
장애가 없도록 사경 제자 저희들을 빠짐없이
굽어살펴 주시옵소서.

20   년   월   일   불제자   정례(頂禮)

【사경 의식】

○ 불법승에 귀의하니

歸依佛 兩足尊
귀의불 양족존

歸依法 離欲尊
귀의법 이욕존

歸依僧 衆中尊
귀의승 중중존

거룩하신 부처님께 귀의합니다.

성스러운 가르침에 귀의합니다.

청정하신 스님들께 귀의합니다.

○ 부처님 법 드러내며

無上甚深 微妙法
무상심심 미묘법

百千萬劫 難遭遇
백천만겁 난조우

我今聞見 得受持
아금문견 득수지

願解如來 眞實意
원해여래 진실의

그 이치가 깊고 깊은 오묘하고 미묘한 법

백천만겁 살더라도 만나 뵙기 어려우니

제가 이제 듣고 보고 부처님 법 받아 지녀

부처님의 진실한 뜻 깨닫기를 원합니다.

○ 법의 곳간 여는 진언

옴 아라남 아라다 (3번)

○ 사경발원

－ 사경 발원문 낭독

○ 사경을 마친 뒤

－ 손수 쓴 경전을 독송한다.

○ 사경 공덕을 회향하니

寫經功德殊勝行
사경공덕수승행

無邊勝福皆廻向
무변승복개회향

普願沈溺諸有情
보원침익제유정

速往無量光佛刹
속왕무량광불찰

경을 쓰는 이 공덕이 보살들의 뛰어난 삶
끝이 없는 온갖 복덕 빠짐없이 회향하여
이 힘으로 원하건대 무명 속의 모든 중생
지금 바로 부처님의 극락정토 가옵소서.

약사경 우리말 사경본

범부들이 어리석어
병의 뿌리 깊어질 새
약사여래 못 만나면
온갖 죄를 어찌 하리

如是我聞。
여 시 아 문

一時 薄伽梵[1] 遊化諸國 至廣嚴城
일 시 바 가 범 유 화 제 국 지 광 엄 성

樂音樹下 與大比丘衆 八千人俱
요 음 수 하 여 대 비 구 중 팔 천 인 구

菩薩摩訶薩 三萬六千。
보 살 마 하 살 삼 만 육 천

其名曰 曼殊室利菩薩 觀自在菩薩
기 명 왈 만 수 실 리 보 살 관 자 재 보 살

慈氏菩薩 善現菩薩 大慧菩薩 明
자 씨 보 살 선 현 보 살 대 혜 보 살 명

慧菩薩 山峰菩薩 辯峰菩薩 持妙
혜 보 살 산 봉 보 살 변 봉 보 살 지 묘

高峰菩薩 不空超越菩薩 微妙音菩
고 봉 보 살 불 공 초 월 보 살 미 묘 음 보

薩 常思惟菩薩 執金剛菩薩
살 상 사 유 보 살 집 금 강 보 살

---

1. 여기서 '바가범薄伽梵'은 석가모니 부처님을 말한다.

1장. 법을 청하다

저는 이와 같이 들었습니다.

석가모니 부처님께서 중생을 교화하러 이 나라 저 나라 다니시며 비사리국의 광엄성에 있는 '즐거운 노래가 흘러나오는 나무'에 이르렀을 때, 덕이 높은 비구 스님 팔천 명과 큰 보살님 삼만 육천 명이 부처님과 함께 있었습니다.

그분들의 이름은 지혜가 으뜸가는 '문수보살', 모든 중생의 실체를 자유롭게 보는 '관자재보살', 자비로운 마음의 '자씨보살', 착한 모습의 보살, 큰 지혜 보살, 밝은 지혜 보살, 산봉우리 보살, 말솜씨가 으뜸 보살, 오묘한 도리가 높은 보살, 온갖 번뇌를 초월한 보살, 미묘한 소리 보살, 늘 정법을 사유하는 보살, 금강저를 들고 있는 보살이니,

如是等 諸大菩薩 而為上首。及諸
여시등 제대보살 이위상수 급제

國王 大臣 婆羅門 居士 天龍八部
국왕 대신 바라문 거사 천룡팔부

人非人等 無量大衆 恭敬圍繞 而
인비인등 무량대중 공경위요 이

為說法。初中後善 文義巧妙 純一
위설법 초중후선 문의교묘 순일

圓滿 淸淨鮮白 梵行之相 示教利
원만 청정선백 범행지상 시교이

喜皆令具足 微妙行願 趣大菩提。
희개령구족 미묘행원 취대보리

爾時 曼殊室利[1]法王子 菩薩摩訶
이시 만수실리법왕자 보살마하

薩 承佛威神 從座而起 偏袒右肩
살 승불위신 종좌이기 편단우견

右膝著地 合掌恭敬 而白佛言。
우슬착지 합장공경 이백불언

---

1. 산스크리트어 'Manjusri'에서 유래되었으며 문수사리文殊師利, 만수시리滿殊尸利 또는 만수실리曼殊室利 등으로도 음역된다. '문수文殊'를 뜻으로 풀이하면 '묘수妙首'라고 한다. 문수보살의 지혜는 헤아릴 수 없이 크므로 '묘妙'라 하고, 그 지혜는 모든 지혜 가운데 으뜸이기에 '수首'라고 한 것이다. 이는 문수보살의 지혜가 온갖 행을 만들어가는 바탕으로서 오묘한 작용을 하기 때문이다.

이처럼 큰 보살님들이 윗자리에 앉아 있었습니다. 또 국왕, 대신, 바라문, 거사, 천룡팔부, 사람, '사람 아닌 중생의 모습을 갖춘 이' 등 한량없는 대중들이 석가모니 부처님을 공경하며 설법을 듣고자 에워싸고 있었습니다.

부처님의 설법은 처음도 좋았고 중간도 좋았으며 마지막도 좋았습니다. 그 가르침은 오묘하고 순수하며 맑고 깨끗한 보살행의 모습으로 모든 이에게 이익과 기쁨을 주니, 모두가 다 미묘하고 오묘한 수행의 원력을 다 갖추어 부처님의 세상으로 가고자 하였습니다.

그때 '법의 왕자 문수보살'이 부처님의 위엄과 신통력으로 자리에서 일어나, 존경의 표시로 오른쪽 어깨를 드러내며 오른쪽 무릎을 땅에 대고 두 손 모아 공손히 부처님께 사뢰었습니다.

世尊[1] 今有 無量人天大衆
세존 금유 무량인천대중

爲聽法故 皆已雲集。
위청법고 개이운집

唯佛世尊 從初發意 乃至於今
유불세존 종초발의 내지어금

所有無量 塵沙數劫 諸佛刹土
소유무량 진사수겁 제불찰도

無不知見 願爲我等 及未來世
무불지견 원위아등 급미래세

像法衆生 慈悲演說 諸佛名號
상법중생 자비연설 제불명호

本願功德 國土莊嚴 善巧方便
본원공덕 국토장엄 선교방편

差別之相 令諸聞者 業障消除
차별지상 영제문자 업장소제

乃至菩提 得不退轉。
내지보리 득불퇴전

---

1. 지혜가 삼계를 초월하여 따라갈 사람이 없고 덕이 높아 다시 더 비교할 덕이 없어 모든 중생이
   다 공경하므로, 세상에서 가장 높이 존경받아야 할 분이라는 뜻으로 '세존'이라 부르는 것이다.

"세존이시여, 지금 헤아릴 수 없이 많은 사람과 천신이 법을 듣기 위하여 구름처럼 사방에서 모여들었습니다.

오직 세존께서만 처음 발심하신 때부터 지금까지 헤아릴 수 없이 많은 세월 동안, 온갖 부처님의 국토를 보고 알지 못한 것이 없으시니, 바라옵건대 저희와 오는 세상 부처님의 모습과 법의 형상만 아는 중생들을 위하여, 모든 부처님의 명호, 본디 원력의 공덕, 국토를 장엄하는 것, 훌륭하고 다양한 방편들을 자비로운 마음으로 설하여 주시옵소서. 그리하여 이 법문을 듣는 중생들의 업장이 없어져 깨달음에 이를 때까지 수행에서 물러나는 일이 없게 하여 주시옵소서."

爾時 世尊 讚曼殊室利 菩薩言。
이 시 세 존 찬 만 수 실 리 보 살 언

善哉善哉 曼殊室利 汝以大悲
선 재 선 재 만 수 실 리 여 이 대 비

愍念無量 業障有情 種種疾病
민 념 무 량 업 장 유 정 종 종 질 병

憂悲苦惱 得安樂故 勸請我說
우 비 고 뇌 득 안 락 고 권 청 아 설

諸佛名號 本願功德 國土莊嚴。
제 불 명 호 본 원 공 덕 국 토 장 엄

此由如來 威神之力 令發斯問
차 유 여 래 위 신 지 력 영 발 사 문

汝今諦聽 極善思惟 當爲汝說。
여 금 체 청 극 선 사 유 당 위 여 설

曼殊室利言 惟願爲說 我等樂聞。
만 수 실 리 언 유 원 위 설 아 등 요 문

이때 세존께서 문수보살을 칭찬하며 말씀하셨다.

"착하고 착하도다. 문수보살이여! 그대는 크나큰 자비로써 업이 두터운 헤아릴 수 없이 많은 중생의 온갖 질병, 근심과 슬픔에서 오는 애타는 마음을 애틋하게 생각하고, 그들이 안락한 행복을 얻도록 나에게 모든 부처님의 명호, 본디 원력의 공덕, 국토의 장엄을 말하여 주기를 청하고 있구나. 이는 여래의 위엄과 신통으로 묻게 된 것이니, 그대들은 귀기울여 듣고서 잘 생각하여 보아라. 마땅히 그대들을 위하여 말을 해 줄 것이다."

문수보살이 말하였다.
"바라옵건대 말씀하여 주시옵소서. 저희는 즐겁게 듣겠사옵니다."

佛告 曼殊室利。
불고 만수실리

東方去此 過四殑伽 河沙佛土
동방거차 과사긍가 하사불도

有世界 名曰光勝。佛號 善名稱吉
유세계 명왈광승 불호 선명칭길

祥王 如來 應正等覺[1] 明行圓滿
상왕 여래 응정등각 명행원만

善逝 世間解 無上丈夫 調御士 天
선서 세간해 무상장부 조어사 천

人師 佛世尊。有無量億衆 不退菩
인사 불세존 유무량억중 불퇴보

薩之所圍繞 安住七寶 勝妙莊嚴師
살지소위요 안주칠보 승묘장엄사

子之座 現在說法。
자 지 좌 현 재 설 법

---

1. 부처님 공덕에 따라 부처님의 명호를 열 가지로 나누어 부르는 것을 '여래십호'라고 한다.
① 여래如來는 세월이 흘러도 절대로 변하지 않는 진여의 세계에서 오신 분이라는 뜻이다.
② '응應'은 응공應供으로 부처님은 복덕과 지혜로 중생의 공양을 받을 수 있는 자격을 갖추고
계신 분이라는 뜻이다.

2장. 참으로 상서로운 부처님

석가모니 부처님께서 문수보살에게 말씀하셨다. "여기에서 동쪽으로 갠지스강 모래알 수보다 네 곱이나 많은 부처님의 국토를 지나 한 세계가 있는데, 그 세계의 이름은 '빛이 뛰어나게 아름다운 세상'이다. 그 세계의 부처님 명호는 '참으로 상서로운 부처님[善名稱 吉祥王]¹ 여래 응공 정변지 명행족 선서 세간해 무상사 조어장부 천인사 불세존'이다. 그 부처님께서는 깨달음의 길에서 물러나지 않는 헤아릴 수 없이 많은 보살에게 둘러싸여, 칠보로 아름답게 장식된 사자좌에 앉아 지금도 법을 설하고 있다.

---

1. ③ 정등각正等覺은 정변지正遍知라고도 하는데 부처님은 올바르게 깨달아 모든 법을 두루 다 아시는 분이라는 뜻이다. ④ 명행원만明行圓滿은 명행족明行足이라고도 하는데 부처님은 밝은 삶에 부족함이 없으신 분이라는 뜻이다. ⑤ 선서善逝는 부처님이 어두운 세계를 초월하여 밝은 세계로 잘 가신 분이라는 뜻이다. ⑥ 세간해世間解는 세간이나 출세간의 인과법을 부처님은 다 아시는 분이라는 뜻이다. ⑦ 무상장부無上丈夫는 무상사無上士라고도 하는데 부처님께서는 더 없이 높으신 분이라는 뜻이다. ⑧ 조어사調御士는 조어장부調御丈夫라고도 하는데 모든 중생을 잘 다스리시는 분이라는 뜻이다. ⑨ 천인사天人師는 부처님은 천상과 인간의 스승이라는 뜻이다. ⑩ 불세존佛世尊은 부처님은 깨달으신 분이니 세상에서 존경받을 분이라는 뜻이다.

曼殊室利
만 수 실 리

彼佛國土　清淨嚴飾　縱廣正等
피 불 국 도　청 정 엄 식　종 광 정 등

百千逾繕那　以贍部金　而爲其地。
백 천 유 선 나　이 섬 부 금　이 위 기 지

平正柔軟　氣如天香。　無諸惡趣
평 정 유 연　기 여 천 향　무 제 악 취

及女人名　亦無瓦礫　沙石棘刺。
급 여 인 명　역 무 와 력　사 석 극 자

寶樹行列　花果滋繁　多有浴池
보 수 행 렬　화 과 자 번　다 유 욕 지

皆以金銀　眞珠雜寶　而爲砌飾。
개 이 금 은　진 주 잡 보　이 위 체 식

曼殊室利　彼國菩薩　皆於七寶
만 수 실 리　피 국 보 살　개 어 칠 보

蓮華化生　是故淨信　善男子善女人
연 화 화 생　시 고 정 신　선 남 자 선 여 인

皆當願生　彼佛國土。
개 당 원 생　피 불 국 도

문수보살이여, 그 부처님의 국토는 맑고 깨끗하며 매우 큰데 그 땅은 전부 빛나는 황금으로 되어 있다. 국토는 평탄하고 땅은 보드라우며 천상의 향기가 난다. 그곳에는 나쁜 장소는 물론 여인이란 개념조차 없으며[1] 부스러진 기와, 자갈, 모래, 가시덤불 같은 것도 없다. 보배 나무가 줄지어 서 있고 아름다운 꽃과 맛있는 과일이 풍성하며 몸을 씻는 맑은 연못이 많은데 모두 금, 은, 진주 온갖 보배로 겹겹이 아름답게 꾸며져 있다. 문수보살이여, 그 국토의 보살들은 모두 칠보로 된 연꽃에서 태어나니, 이 때문에 깨끗한 믿음을 지닌 선남자 선여인은 모두 다 그 국토에 태어나기를 바라는 것이다."

---

1. '無諸惡趣 及女人名'이란 문장은 군이 잘 살고 잘못 사는 여인을 구분해서 말하는 것이라기보다는 아예 '여자다 남자다 하는 개념이 없다'라는 뜻으로 풀이된다. 초기 불교의 경우 남녀 구별 없이 깨달음을 얻을 수 있었고 깨달음을 얻은 성자인 아라한의 경우 여성도 많았다. 그러나 후대로 가면서 부처는 남자만이 될 수 있다는 사상이 생겨나 여자가 부처가 되려면 남성으로 다시 태어나야 부처가 될 수 있다고 하였다. 이는 남성 중심의 사고에서 비롯된 것으로 남성도 여성에게 번뇌를 일으키는 대상이기는 마찬가지이니 '이성異性으로 인한 번뇌의 대명사'로 여인이란 단어를 보아야 할 것이다. '여인이 없는 부처님 국토'란 남성과 여성이 서로 평등하게 존중받는 인간으로 공존하면서, 서로에게 번뇌를 일으키는 괴로운 대상이 되지 않고 조화와 상생의 관계로서 살아가는 이상적 사회일 것이다.

曼殊室利 彼佛如來 應正等覺
만 수 실 리　피 불 여 래　응 정 등 각

從初發心 行菩薩道時 發八大願
종 초 발 심　행 보 살 도 시　발 팔 대 원

云何為八。第一大願 願我來世
운 하 위 팔　제 일 대 원　원 아 내 세

得無上菩提時 若有眾生 為諸病苦
득 무 상 보 리 시　약 유 중 생　위 제 병 고

逼切其身 熱病諸瘧 蠱道魘魅
핍 절 기 신　열 병 제 학　고 도 염 매

起屍鬼等之所惱害 若能至心 稱我
기 시 귀 등 지 소 뇌 해　약 능 지 심　칭 아

名者 由是力故 所有病苦 悉皆消
명 자　유 시 력 고　소 유 병 고　실 개 소

滅 乃至證得 無上菩提。第二大願
멸　내 지 증 득　무 상 보 리　제 이 대 원

願我來世 得菩提時 若有眾生
원 아 내 세　득 보 리 시　약 유 중 생

盲聾喑啞 白癩癲狂 眾病所困
맹 롱 암 아　백 라 전 광　중 병 소 곤

"문수보살이여, 그 부처님께서는 처음 발심한 뒤 보살의 삶을 살아갈 때, 여덟 가지 큰 서원을 세웠으니 그것이 무엇이냐?

첫 번째 큰 서원은,
'바라옵건대 내가 오는 세상에서 깨달음을 얻었을 때, 어떤 중생이 갖은 병고로 핍박받아 열병이나 학질, 가위눌림, 송장을 일으키는 귀신 등에 시달리더라도, 지극한 마음으로 나의 명호를 부른다면, 이 공덕으로 온갖 병고가 모두 다 없어지리니, 이들 모두 부처님의 세상을 얻게 하소서.'라고 발원한 것이다.
두 번째 큰 서원은, '바라옵건대 내가 오는 세상에서 깨달음을 얻었을 때, 어떤 중생이 눈이 안 보이고 귀가 안 들리며 말을 하지 못하고 나병, 정신병 같은 온갖 질병으로 시달리더라도,

若能至心　稱我名者　由是力故　諸
약 능 지 심　칭 아 명 자　유 시 력 고　제

根具足　衆病消滅　乃至菩提。第三
근 구 족　중 병 소 멸　내 지 보 리　제 삼

大願　願我來世　得菩提時　若有衆
대 원　원 아 내 세　득 보 리 시　약 유 중

生　爲貪瞋癡之所纏逼　造無間罪[1]
생　위 탐 진 치 지 소 전 핍　조 무 간 죄

及諸惡行　誹謗正法　不修衆善　當
급 제 악 행　비 방 정 법　불 수 중 선　당

墮地獄　受諸苦痛　若能至心　稱我
타 지 옥　수 제 고 통　약 능 지 심　칭 아

名者　由是力故　令無間罪　及諸業
명 자　유 시 력 고　영 무 간 죄　급 제 업

障　悉皆消滅　無有衆生　墮惡趣[2]者
장　실 개 소 멸　무 유 중 생　타 악 취 자

常受人天　殊勝安樂　乃至菩提。
상 수 인 천　수 승 안 락　내 지 보 리

---

1. 무간죄는 '오역죄五逆罪'로 고통이 잠시도 사라지지 않는 '무간지옥'으로 떨어지는 죄를 말한다. '오역죄'는 부처님의 몸에 피를 내는 죄, 아버지를 죽인 죄, 어머니를 죽인 죄, 아라한을 죽인 죄, 대중들의 화합을 깨뜨린 죄이다.
2. 악취惡趣는 악도와 같은 말로 삼악도는 지옥, 아귀 그리고 축생계를 말한다.

지극한 마음으로 나의 명호를 부른다면, 이 힘으로 모든 감각기관이 온전해지고 갖가지 병고가 남김없이 없어질 것이니, 이들 모두 부처님의 세상을 얻게 하소서.'라고 발원한 것이다.

세 번째 큰 서원은,
'바라옵건대 내가 오는 세상에서 깨달음을 얻었을 때, 욕심내고 성을 내며 어리석게 살아가는 어떤 중생이 무간지옥에 들어갈 죄와 온갖 악행을 저지르고 바른 법을 비방하며 좋은 일을 하지 않아 지옥에 떨어져 갖은 고통을 받아야 할지라도, 지극한 마음으로 나의 명호를 부른다면, 이 공덕으로 무간지옥에 들어갈 죄와 온갖 악행의 업장이 한꺼번에 없어져 나쁜 세상에 떨어질 중생이 없고 언제나 즐겁고 편안한 천상에 태어날 것이니, 이들 모두 부처님의 세상을 얻게 하소서.'라고 발원한 것이다.

第四大願
제 사 대 원

願我來世　得菩提時　若有衆生
원 아 내 세　득 보 리 시　약 유 중 생

少乏衣食　瓔珞臥具　財貨珍寶
소 핍 의 식　영 락 와 구　재 화 진 보

香花伎樂[1]　若能至心　稱我名者
향 화 기 악　약 능 지 심　칭 아 명 자

由是力故　所乏資生　皆得充足
유 시 력 고　소 핍 자 생　개 득 충 족

乃至菩提。
내 지 보 리

第五大願　願我來世　得菩提時
제 오 대 원　원 아 내 세　득 보 리 시

若有衆生　或被枷鎖　繫縛其身
약 유 중 생　혹 피 가 쇄　계 박 기 신

以及鞭撻　受諸苦惱
이 급 편 달　수 제 고 뇌

---

1. '기악伎樂'은 부처님께 공양 올리기 위해 행하는 가무를 말한다.

네 번째 큰 서원은,
'바라옵건대 내가 오는 세상에서 깨달음을 얻었
을 때, 어떤 중생이 가난하여 옷, 음식, 보배구슬,
침구, 재물, 진기한 보배, 아름다운 꽃, 향기로운
향, 춤이나 노래의 즐거움을 공양 올리지 못하더
라도, 지극한 마음으로 나의 명호를 부른다면,
이 공덕으로 부족하던 온갖 살림살이가 다 갖추
어지리니, 이들 모두 부처님의 세상을 얻게 하소
서.'라고 발원한 것이다.

다섯 번째 큰 서원은,
'바라옵건대 내가 오는 세상에서 깨달음을 얻었
을 때, 어떤 중생이 어쩌다가 국법을 범하여 쇠
사슬에 묶이고 매를 맞아 온갖 고초를 당하고
있더라도,

若能至心　稱我名者　由是力故
약 능 지 심　칭 아 명 자　유 시 력 고

所有苦難　都得解脫　乃至菩提。
소 유 고 난　도 득 해 탈　내 지 보 리

第六大願　願我來世　得菩提時
제 육 대 원　원 아 내 세　득 보 리 시

若有衆生　於險難處　爲諸惡獸
약 유 중 생　어 험 난 처　위 제 악 수

熊羆師子　虎豹豺狼　蝮蛇蝮蠍之所
웅 비 사 자　호 표 시 랑　원 사 복 헐 지 소

侵惱　欲斷其命　發聲大叫　受大苦
침 뇌　욕 단 기 명　발 성 대 규　수 대 고

時　若能至心　稱我名者　由是力故
시　약 능 지 심　칭 아 명 자　유 시 력 고

所有恐怖　皆得解脫　諸惡獸等
소 유 공 포　개 득 해 탈　제 악 수 등

悉起慈心　常得安樂　乃至菩提。
실 기 자 심　상 득 안 락　내 지 보 리

36

지극한 마음으로 나의 명호를 부른다면, 이 공덕으로 갖은 고초에서 벗어나리니, 이들 모두 부처님의 세상을 얻게 하소서.'라고 발원한 것이다.

여섯 번째 큰 서원은,
'바라옵건대 내가 오는 세상에서 깨달음을 얻었을 때, 어떤 중생이 험난한 장소에서 사나운 짐승들 곧 곰, 사자, 호랑이, 표범, 승냥이, 이리, 독사, 살무사, 전갈들에게 물려 실낱같은 목숨이 끊어지려고 고통스러운 신음을 내고 있을 때라도 지극한 마음으로 나의 명호를 부른다면, 이 공덕으로 온갖 공포를 다 벗어나고 사나운 짐승들도 모두 자비심을 일으켜 이 중생이 언제나 안락한 행복 속에서 살아가리니, 이들 모두 부처님의 세상을 얻게 하소서.'라고 발원한 것이다.

第七大願
제 칠 대 원

願我來世　得菩提時　若有衆生
원 아 내 세　득 보 리 시　약 유 중 생

鬪諍言訟　因生憂惱　若能至心
투 쟁 언 송　인 생 우 뇌　약 능 지 심

稱我名者　由是力故　鬪訟解散
칭 아 명 자　유 시 력 고　투 송 해 산

慈心相向　乃至菩提。第八大願
자 심 상 향　내 지 보 리　제 팔 대 원

願我來世　得菩提時　若有衆生　入
원 아 내 세　득 보 리 시　약 유 중 생　입

於江海　遭大惡風　吹其船舫　無有
어 강 해　조 대 악 풍　취 기 선 방　무 유

洲渚　而作歸依　極生憂怖　若能至
주 저　이 작 귀 의　극 생 우 포　약 능 지

心　稱我名者　由是力故　皆得隨心
심　칭 아 명 자　유 시 력 고　개 득 수 심

至安隱處　受諸快樂　乃至菩提。
지 안 은 처　수 제 쾌 락　내 지 보 리

일곱 번째 큰 서원은,

'바라옵건대 내가 오는 세상에서 깨달음을 얻었을 때, 어떤 중생이 비열한 소송에 걸려 다투는 과정에서 근심과 걱정이 많더라도, 지극한 마음으로 나의 명호를 부른다면, 이 공덕으로 어려운 소송이 다 해결되고 자비로운 마음으로 서로 대하리니, 이들 모두 부처님의 세상을 얻게 하소서.'라고 발원한 것이다.

여덟 번째 큰 서원은, '바라옵건대 내가 오는 세상에서 깨달음을 얻었을 때, 어떤 중생이 강이나 바다에서 폭풍을 만나 배가 뒤집히려 하고, 배를 댈만한 섬도 없어 극심한 공포 속에 있더라도, 지극한 마음으로 나의 명호를 부른다면, 이 힘으로 모두 원하는 대로 편안하며 아늑한 곳에 도달하여 온갖 즐거움을 누리리니, 이들 모두 부처님의 세상을 얻게 하소서.'라고 발원한 것이다.

曼殊室利 是謂彼佛如來 應正等覺
만 수 실 리   시 위 피 불 여 래   응 정 등 각

行菩薩道時 所發八種 微妙大願。
행 보 살 도 시   소 발 팔 종   미 묘 대 원

又 彼世尊 從初發心 常以定力
우   피 세 존   종 초 발 심   상 이 정 력

成就衆生 供養諸佛 嚴淨佛土
성 취 중 생   공 양 제 불   엄 정 불 토

菩薩眷屬 悉皆圓滿 此之福德
보 살 권 속   실 개 원 만   차 지 복 덕

不可思議。
불 가 사 의

一切聲聞¹ 及諸獨覺 縱經多劫 說
일 체 성 문   급 제 독 각   종 경 다 겁   설

不能盡。唯除如來補處菩薩²。
불 능 진   유 제 여 래 보 처 보 살

---

1. 부처님께서 말씀하시는 법을 직접 듣고서 고집멸도苦集滅道 사제四諦의 이치에 의지하여 깨달음을
   얻은 사람은 '성문'이라고 하고, 부처님의 가르침을 직접 듣지는 못했지만 홀로 십이인연十二因緣의
   이치를 관찰하여 깨달음을 얻은 사람은 '독각' 혹은 '연각'이라고 한다.
2. 보처보살補處菩薩은 중생을 모두 제도하고자 하는 원력으로 이 세상에 마지막으로 오신 보살이다.

문수보살이여, 이것이 참으로 '상서로운 부처님'께서 처음 발심한 뒤 보살의 삶을 살아갈 때 발원한 여덟 가지 미묘한 큰 서원이다.

또 그 부처님께서 처음 발심한 뒤 언제나 선정의 힘으로써 중생을 감화하여, 그들이 모든 부처님께 공양을 올리고 국토를 깨끗하게 장엄하니, 보살들의 권속도 빠짐없이 공덕이 오롯해져, 그 복덕이 참으로 불가사의하다.

모든 성문과 독각이 아무리 오랜 세월 그 복덕을 말하더라도 그 복덕을 다 말할 수 없다. 오직 여래 또는 '중생을 다 제도하고자 하는 원력으로 이 세상에 마지막으로 오게 되는 보처보살'만이 설할 수 있는 것이다.

曼殊室利 若有淨信 男子女人
만 수 실 리　약 유 정 신　남 자 여 인

若王大臣 長者居士 心希福德
약 왕 대 신　장 자 거 사　심 희 복 덕

斷諸煩惱
단 제 번 뇌

稱彼佛名 讀斯經典
칭 피 불 명　독 사 경 전

於彼如來 至心尊重 恭敬供養
어 피 여 래　지 심 존 중　공 경 공 양

所有一切 罪惡業障 及諸病苦
소 유 일 체　죄 악 업 장　급 제 병 고

悉皆消滅 諸有願求 無不隨意
실 개 소 멸　제 유 원 구　무 불 수 의

得不退轉 乃至菩提。
득 불 퇴 전　내 지 보 리

42

문수보살이여, 만약 깨끗한 믿음을 지닌 선남자, 선여인, 국왕, 대신, 장자, 거사가 복덕을 받고 온갖 번뇌를 끊고자

부처님의 명호를 부르고, 이 경전을 읽으며 저 '참으로 상서로운 부처님'을 지극한 마음으로 존중하고 공경하며 공양한다면,

온갖 죄악과 업장, 모든 병고가 다 없어져서 원하는 바가 뜻대로 되고 한번 이룬 공부에서 물러남 없이 부처님의 세상을 얻게 될 것이다."

復次 曼殊室利 東方去此 過五殑
부차 만수실리 동방거차 과오긍

伽 河沙佛土 有世界 名曰妙寶。
가 하사불토 유세계 명왈묘보

佛號 寶月智嚴光音自在王如來應
불호 보월지엄광음자재왕여래응

正等覺 有無量億 菩薩圍繞 現在
정등각 유무량억 보살위요 현재

說法 皆演大乘[1] 微妙深義。
설법 개연대승 미묘심의

曼殊室利 彼佛如來 從初發心 行
만수실리 피불여래 종초발심 행

菩薩道時 發八大願 云何爲八。
보살도시 발팔대원 운하위팔

---

1. 부처님께서 평생 말씀하신 법을 '대승'과 '소승'으로 나눌 때, 성문과 연각을 위한 법이 소승이고
보살을 위한 법이 대승인데 이 대승을 '보살승'이라 한다. '대승大乘'은 큰 수레란 뜻이다. 많은
중생들과 함께 부처님의 세상으로 가겠다는 원력을 세우고 육바라밀을 실천하는 사람이 바로
'보살'이다.

3장. 밝은 지혜 빛과 소리 부처님

또 문수보살이여, 여기에서 동쪽으로 갠지스강 모래알 수보다 다섯 곱이나 많은 부처님의 국토를 지나 한 세계가 있는데, 그 세계의 이름은 '묘한 보배 세상[妙寶]'이다.

그 세계의 부처님 명호는 '밝은 지혜 빛과 소리 부처님[寶月智嚴 光音自在王] 여래 응공 정변지 명행족 선서 세간해 무상사 조어장부 천인사 불세존'인데, 그 부처님께서는 헤아릴 수 없이 많은 보살에게 둘러싸여 지금도 법을 설하고 있으니, 그 가르침은 모두 '대승의 미묘한 깊은 뜻'을 말씀하신 것이다.

문수보살이여, 그 부처님께서는 처음 발심한 뒤 보살의 삶을 살아갈 때 여덟 가지 큰 서원을 세웠으니 그것이 무엇이냐?

第一大願　願我來世　得菩提時
제 일 대 원　원 아 내 세　득 보 리 시

若有衆生　為營農業　及商賈事
약 유 중 생　위 영 농 업　급 상 가 사

令心擾亂　廢修菩提　殊勝善法
영 심 요 란　폐 수 보 리　수 승 선 법

於生死中　不能出離　各各備受
어 생 사 중　불 능 출 리　각 각 비 수

無邊苦惱　若能至心　稱我名者
무 변 고 뇌　약 능 지 심　칭 아 명 자

由是力故　衣服飲食　資生之具
유 시 력 고　의 복 음 식　자 생 지 구

金銀珍寶　隨願充足　所有善根
금 은 진 보　수 원 충 족　소 유 선 근

皆得增長　亦不捨離　菩提之心
개 득 증 장　역 불 사 리　보 리 지 심

諸惡道苦　咸蒙解脫　乃至菩提。
제 악 도 고　함 몽 해 탈　내 지 보 리

첫 번째 큰 서원은

"바라옵건대 내가 오는 세상에서 깨달음을 얻었을 때, 어떤 중생이 농사를 짓거나 장사를 하며 살아가느라 마음이 번거로워 깨달음의 뛰어난 법을 닦지 못하고 생사에서 벗어나지 못하여 끊임없이 고통을 받고 있더라도,

지극한 마음으로 나의 명호를 부른다면,

이 공덕으로 옷, 음식, 살림살이, 금, 은, 보배가 풍족해지고 행복한 마음이 가득해질 것이다. 또한 깨달음을 버리지 않기에 온갖 고통의 세계에서 벗어나리니, 이들 모두 부처님의 세상을 얻게 하소서."라고 발원한 것이다.

第二大願　願我來世　得菩提時
제이대원　원아내세　득보리시

於十方界　所有衆生　若為寒熱
어시방계　소유중생　약위한열

饑渴逼身　受大苦惱　若能至心
기갈핍신　수대고뇌　약능지심

稱我名者　由是力故　先世罪業
칭아명자　유시력고　선세죄업

悉皆消滅　捨諸苦惱　受人天樂
실개소멸　사제고뇌　수인천락

乃至菩提。
내지보리

第三大願　願我來世　得菩提時
제삼대원　원아내세　득보리시

於十方界　若有女人　貪淫煩惱
어시방계　약유여인　탐음번뇌

常覆其心　相續有娠　深可厭惡
상부기심　상속유신　심가염악

臨當產時　受大苦惱
임당산시　수대고뇌

48

두 번째 큰 서원은

"바라옵건대 내가 오는 세상에서 깨달음을 얻었을 때, 추위, 더위, 굶주림, 목마름에 시달려 갖은 고통을 받는 시방세계 모든 중생이 지극한 마음으로 나의 명호를 부른다면, 이 공덕으로 전생의 죄업이 다 없어지고 온갖 고뇌를 벗어나 인천의 즐거움을 받으리니, 이들 모두 부처님의 세상을 얻게 하소서."라고 발원한 것이다.

세 번째 큰 서원은,

"바라옵건대 내가 오는 세상에서 깨달음을 얻었을 때, 시방세계 어떤 여인이 지나친 음욕으로 항상 그 마음이 번뇌에 차 있고 잇따른 임신으로 그 몰골도 몹시 추해지고, 아이를 낳으며 온갖 고통을 받더라도,

若我名字　暫經其耳　或復稱念
약 아 명 자　잠 경 기 이　혹 부 칭 념

由是力故　眾苦皆除　捨此身已
유 시 력 고　중 고 개 제　사 차 신 이

常為男子　乃至菩提。
상 위 남 자　내 지 보 리

第四大願　願我來世　得菩提時
제 사 대 원　원 아 내 세　득 보 리 시

若有眾生　或與父母　兄弟姊妹
약 유 중 생　혹 여 부 모　형 제 자 매

妻子眷屬　及諸親友　行險難處
처 자 권 속　급 제 친 우　행 험 난 처

為賊所侵　受諸苦惱　暫聞我名
위 적 소 침　수 제 고 뇌　잠 문 아 명

或復稱念　由是力故　解脫眾難
혹 부 칭 념　유 시 력 고　해 탈 중 난

乃至菩提。
내 지 보 리

내 이름이 귀에 잠깐 스쳐 가는 인연으로 혹여 내 명호를 부른다면, 이 공덕으로 온갖 고통이 다 제거되고 여인의 몸을 버린 뒤로 언제나 남자로 태어나리니, 이들 모두 부처님의 세상을 얻게 하소서."라고 발원한 것이다.

네 번째 큰 서원은,

"바라옵건대 내가 오는 세상에서 깨달음을 얻었을 때, 부모, 형제, 자매, 처자, 권속, 친구들과 함께 험난한 곳을 지나다가 도둑을 만나 온갖 난관에 빠져 있는 어떤 중생이 잠깐만이라도 내 이름을 듣거나 내 명호를 부른다면,

이 공덕으로 모든 어려움에서 벗어나리니, 이들 모두 부처님의 세상을 얻게 하소서."라고 발원한 것이다.

第五大願
제오대원

願我來世　得菩提時　若有衆生
원아내세　득보리시　약유중생

行於暗夜　作諸事業　被惡鬼神
행어암야　작제사업　피악귀신

之所惱亂　極生憂苦　暫聞我名
지소뇌란　극생우고　잠문아명

或復稱念　由是力故　從暗遇明
혹부칭념　유시력고　종암우명

諸惡鬼神　起慈悲意　乃至菩提.
제악귀신　기자비의　내지보리

第六大願　願我來世　得菩提時
제육대원　원아내세　득보리시

若有衆生　行鄙惡事　不信三寶
약유중생　행비악사　불신삼보

智慧鮮少　不修善法
지혜선소　불수선법

다섯 번째 큰 서원은,

"바라옵건대 내가 오는 세상에서 깨달음을 얻었을 때, 어떤 중생이 앞이 보이지 않는 어두운 밤길을 가면서 자신이 지은 온갖 업으로 말미암아 흉악한 귀신의 시달림을 받으며 극심한 고통을 받더라도 잠깐이나마 내 이름을 듣거나 내 명호를 부른다면, 이 공덕으로 어둠에서 밝은 세상을 만나 온갖 흉악한 귀신도 자비로운 마음을 내리니, 이들 모두 부처님의 세상을 얻게 하소서."라고 발원한 것이다.

여섯 번째 큰 서원은,

"바라옵건대 내가 오는 세상에서 깨달음을 얻었을 때, 어떤 중생이 비열한 온갖 나쁜 짓을 하며 삼보를 믿지 않고 지혜롭지 못하여 좋은 법을 닦지 않아

根¹ 力² 覺³ 道⁴ 念 定 總持
근 력 각 도 염 정 총지

皆不修習
개 불 수 습

若能至心 稱我名者
약 능 지 심 칭 아 명 자

由是力故 智慧漸增 三十七品
유 시 력 고 지 혜 점 증 삼 십 칠 품

悉皆修學 深信三寶 乃至菩提。
실 개 수 학 심 신 삼 보 내 지 보 리

---

1. '근根'은 오근을 말한다. '오근五根'에서 '근根'은 낸다는 뜻이니, 이 오근에서 온갖 좋은 법이 생겨난다는 것이다. '신근信根'은 올바른 도와 그 도를 도와주는 방편을 깊이 믿는 것이다. '정진근精進根'은 정법을 꾸준히 수행하는 것이다. '염근念根'은 정법을 기억하고 잊지 않는 것이다. '정근定根'은 마음을 한 곳에 거두어 고요하게 하는 것이다. '혜근慧根'은 모든 법을 분명하게 아는 것이다.
2. '력力'은 오력을 말한다. '오력五力'은 오근을 닦을 때 얻어지는 힘으로 신력信力·진력進力·염력念力·정력定力·혜력慧力을 말한다.
3. '각覺'은 칠각지를 말한다. '칠각지七覺支'는 불도를 수행하는 데 참되고 거짓되고 선하고 악한 것인지를 잘 살펴 가려내는 택법각분擇法覺分·정진각분精進覺分·희각분喜覺分·제각분除覺分·사각분捨覺分·정각분定覺分·염각분念覺分 일곱 가지 지혜를 말한다.
4. '도道'는 팔정도를 말한다. '팔정도八正道'는 불도를 실천 수행하는 중요한 덕목으로 정견正見·정사正思·정어正語·정업正業·정명正命·정정진正精進·정념正念·정정正定 여덟 가지를 말한다.

오근, 오력, 칠각지, 팔정도, 사념처관[1], 사신정[2], 다라니[3] 등을 수행한 적이 전혀 없더라도,

지극한 마음으로 나의 명호를 부른다면,

이 공덕으로 시나브로 지혜가 늘어 '성불을 도와주는 서른일곱 가지 모든 수행'[4]을 빠짐없이 다 닦으면서 부처님과 부처님의 가르침 및 청정한 승가를 믿게 되리니, 이들 모두 부처님의 세상을 얻게 하소서."라고 발원한 것이다.

---

1. '염념'은 사념처를 말한다. '사념처四念處'는 '신수심법身受心法' 네 가지 대상의 실체를 보고 제행무상諸行無常·제법무아諸法無我·일체개고一切皆苦의 세 가지 진리를 깨닫고자 하는 것이다.

2. '정定'은 사신정을 말한다. '사신정四神定'은 선정을 얻을 수 있는 신통력이니 욕欲은 선정을 얻으려는 노력을, 염념은 높은 경지에 바르게 머물고자 함, 진進은 쉬지 않고 정진함, 사유思惟는 사유하여 마음이 흐트러지지 않는 것을 뜻한다.

3. 모든 이치가 다 갖추어져 있다는 뜻인 '총지總持'는 다라니를 말한다.

4. 삼십칠조도품三十七助道品은 열반으로 가는 길을 도와주는 서른일곱 가지 수행을 말한다. 사념처·사정근·사신정·오근·오력·칠각지·팔정도 이 모두를 합하면 서른일곱 가지 수행이 된다.

第七大願 願我來世 得菩提時 若
제 칠 대 원　원 아 내 세　득 보 리 시　약

有衆生 意樂鄙劣 於二乘¹道 修行
유 중 생　의 요 비 열　어 이 승 도　수 행

而住 棄背無上 勝妙菩提 若能至
이 주　기 배 무 상　승 묘 보 리　약 능 지

心 稱我名者 捨二乘見 於無上覺
심　칭 아 명 자　사 이 승 견　어 무 상 각

得不退轉 乃至菩提。
득 불 퇴 전　내 지 보 리

第八大願 願我來世 得菩提時 若
제 팔 대 원　원 아 내 세　득 보 리 시　약

有衆生 見劫將盡 火欲起時 生大
유 중 생　견 겁 장 진　화 욕 기 시　생 대

憂怖 苦惱悲泣 由彼前身 惡業力
우 포　고 뇌 비 읍　유 피 전 신　악 업 력

故 受斯衆苦 無所歸依
고　수 사 중 고　무 소 귀 의

---

1. '승乘'은 '사람을 태워 목적지에 데려다 주는 탈것'을 말한다. '중생을 태워 생사의 바다를 건너
   주게 하는 법'을 비유한 것인데, 이 내용을 크게 두 종류로 나누어서 이승이라고 한다. 이승은
   대승大乘과 소승小乘을 말하기도 하고, 다시 소승을 성문승聲聞乘과 연각승緣覺乘으로 나눈 것을
   말하기도 한다. 여기서는 소승을 나눈 성문승과 연각승을 지칭한다.

일곱 번째 큰 서원은,

"바라옵건대 내가 오는 세상에서 깨달음을 얻었을 때, 어떤 중생이 하찮은 경계를 좋아하여 이승二乘의 도를 닦고 거기에 집착하여 수승하고 오묘한 최고의 깨달음을 등지고 살다가도,

지극한 마음으로 나의 명호를 부른다면, 이 공덕으로 이승의 소견을 버리고 최고의 깨달음에서 물러나지 않고 정진하리니, 이들 모두 부처님의 세상을 얻게 하소서."라고 발원한 것이다.

여덟 번째 큰 서원은,

"바라옵건대 내가 오는 세상에서 깨달음을 얻었을 때, 어떤 중생이 전생의 악업으로 말미암아 세상을 멸망시키는 우주의 불길이 일어나는 것을 보고 공포와 고뇌 속에 슬피 우는 온갖 고통 속에서 귀의할 곳이 없더라도,

若能至心　稱我名者
약 능 지 심　칭 아 명 자

所有憂苦　悉皆消滅　受清涼樂
소 유 우 고　실 개 소 멸　수 청 량 락

從此命終　於我佛土　蓮華化生
종 차 명 종　어 아 불 토　연 화 화 생

常修善法　乃至菩提。
상 수 선 법　내 지 보 리

曼殊室利
만 수 실 리

是爲彼佛　如來應供　正等覺
시 위 피 불　여 래 응 공　정 등 각

行菩薩道時　所發八種　微妙大願。
행 보 살 도 시　소 발 팔 종　미 묘 대 원

又　彼如來　所居佛土　廣博嚴淨
우　피 여 래　소 거 불 토　광 박 엄 정

地平如掌。天妙香樹　而爲行列
지 평 여 장　천 묘 향 수　이 위 행 렬

天花遍覆　天樂常鳴。
천 화 변 부　천 악 상 명

지극한 마음으로 나의 명호를 부른다면, 이 공덕으로 온갖 근심과 고통이 한꺼번에 없어져 맑고 시원한 즐거움을 누리며 목숨이 다한 뒤 나의 국토에서 연꽃처럼 피어나 늘 좋은 법을 닦으리니, 이들 모두 부처님의 세상을 얻게 하소서."라고 발원한 것이다.

문수보살이여,
이것이 '밝은 지혜 빛과 소리 부처님'께서 처음 발심한 뒤 보살의 삶을 살아갈 때 발원한 여덟 가지 미묘한 큰 서원이다.

또 그 부처님께서 머무신 국토는 넓고 깨끗하며 손바닥처럼 평평하다. 하늘의 오묘한 향기가 나는 나무들이 줄지어 서 있고 하늘의 꽃이 곳곳에 피어 있으며 천상의 풍악이 늘 울리고 있다.

天妙鈴鐸　隨處懸布　天寶莊嚴
천 묘 령 탁　수 처 현 포　천 보 장 엄

師子之座　天寶砌飾　諸妙浴池。其
사 자 지 좌　천 보 체 식　제 묘 욕 지　기

地柔軟　無諸瓦礫　亦無女人　及諸
지 유 연　무 제 와 력　역 무 여 인　급 제

煩惱　皆是不退　諸菩薩衆　蓮華化
번 뇌　개 시 불 퇴　제 보 살 중　연 화 화

生。若起念時　飮食衣服　及諸資具
생　약 기 념 시　음 식 의 복　급 제 자 구

隨意現前　是故名為妙寶世界。
수 의 현 전　시 고 명 위 묘 보 세 계

曼殊室利　若有淨信　男子女人　國
만 수 실 리　약 유 정 신　남 자 여 인　국

王王子大臣輔相　中宮彩女　晝夜六
왕 왕 자 대 신 보 상　중 궁 채 녀　주 야 육

時　慇重至心恭敬供養　彼佛世尊。
시　은 중 지 심 공 경 공 양　피 불 세 존

하늘의 오묘한 소리를 내는 요령과 목탁이 가는 곳마다 달려 있고 천상의 보배로 장엄한 사자좌가 있으며, 하늘의 보배로 아름답게 장식되어 있고 몸을 씻는 미묘하고 맑은 연못이 있다.
그 땅은 보드랍고 기와 부스러기나 자갈이 없으며 여인이란 개념조차 없고 온갖 번뇌도 없으니, 이는 모두 깨달음에서 물러남이 없는 보살들이 연꽃처럼 피어나는 곳이다.

여기서는 생각만 일으키면 옷, 음식, 살림살이가 원하는 대로 나타나니, 이 때문에 이를 일러 '묘한 보배 세상[妙寶]'이라고 한다.

문수보살이여,
만약 깨끗한 믿음을 지닌 선남자, 선여인, 임금, 왕자, 대신, 관리, 왕후, 궁녀라면 밤낮없이 지극한 마음으로 그 부처님을 공경 공양해야 한다.

及稱名號　並造形像　香花音樂　燒
급 칭 명 호　병 조 형 상　향 화 음 악　소

香末香塗香　而爲奉獻。
향 말 향 도 향　이 위 봉 헌

淸淨嚴潔　於七日中　持八戒齋[1]　於
청 정 엄 결　어 칠 일 중　지 팔 계 재　어

諸衆生　起慈悲意　願生彼土　彼佛
제 중 생　기 자 비 의　원 생 피 토　피 불

世尊及諸菩薩　護念是人　一切罪業
세 존 급 제 보 살　호 념 시 인　일 체 죄 업

悉皆消滅　無上菩提　得不退轉。
실 개 소 멸　무 상 보 리　득 불 퇴 전

於貪恚癡　漸得微薄
어 탐 에 치　점 득 미 박

無諸病苦　增益壽命。
무 제 병 고　증 익 수 명

---

1. 살생하지 않고, 도둑질하지 않으며, 음행을 하지 않고, 거짓말을 하지 않으며, 술을 마시지 않고, 향수나 꽃으로 몸을 꾸미지 않으며, 춤추고 노래하지 않고, 높은 자리에 앉지 않는 이 여덟 가지 '계'와 때가 아니면 밥을 먹지 않는 '재'를 합하여 '팔관재계'라고 한다.

62

그분의 명호를 부르고 성스러운 모습을 조성하며, 향기로운 꽃과 음악, 사르는 향, 가루 향, 바르는 향으로 공양을 올려야 한다.

그리하여 맑고 깨끗한 마음으로 7일 동안 팔관재계를 지키면서 모든 중생에게 자비로운 마음을 일으켜 그들이 부처님의 국토에 태어나기를 바란다면,

부처님과 모든 보살이 그들을 지키고 보호하여 그들의 모든 죄업은 남김없이 없어지고 최상의 깨달음에서 물러나지 않고 끊임없이 정진하게 될 것이다.

그들은 욕심내고 성내는 어리석음이 시나브로 열어지고 온갖 병고가 없어져 수명이 늘어날 것이다.

隨有希求 悉皆如意 鬪諍怨家
수유희구 실개여의 투쟁원가

咸生歡喜 捨此身已 往彼剎土
함생환희 사차신이 왕피찰토

蓮華化生。
연화화생

當生之時 念定總持 悉皆明了。
당생지시 염정총지 실개명료

曼殊室利 如是當知 彼佛名號
만수실리 여시당지 피불명호

無量功德 若得聞者 所願皆成。
무량공덕 약득문자 소원개성

바라는 대로 전부 이루어지고 다투던 원수들이 모두 다 기뻐하며 이번 생이 다한 뒤에는 부처님의 국토에 가서 연꽃처럼 피어날 것이다.

태어날 때부터 '바른 생각에서 우러나온 선정' 속에 모든 것을 지녀 온갖 것의 실체를 분명하게 알 것이다.

문수보살이여, 이처럼 그 부처님의 명호와 헤아릴 수 없이 많은 공덕을 들은 사람은 원하는 바 모든 것이 성취되는 줄 알아야 한다.

復次 曼殊室利
부차 만수실리

東方去此 過六殑伽 河沙佛土
동방거차 과육긍가 하사불토

有世界 名曰 圓滿香積。佛號
유세계 명왈 원만향적 불호

金色寶光妙行成就如來應正等覺
금색보광묘행성취여래응정등각

有無量億萬 菩薩圍繞 現在說法。
유무량억만 보살위요 현재설법

曼殊室利 彼佛如來 從初發心
만수실리 피불여래 종초발심

行菩薩道時 發四大願云何為四。
행보살도시 발사대원운하위사

第一大願 願我來世 得菩提時
제일대원 원아내세 득보리시

4장. 황금빛의 오묘한 삶 부처님

또 문수보살이여, 여기에서 동쪽으로 갠지스강 모래알 수보다 여섯 곱이나 많은 부처님의 국토를 지나 한 세계가 있는데, 그 세계의 이름은 '오롯이 향기로 가득 찬 세상[圓滿香積]'이라 한다. 그 세계의 부처님 명호는 '황금빛의 오묘한 삶 부처님[金色寶光妙行成就] 여래 응공 정변지 명행족 선서 세간해 무상사 조어장부 천인사 불세존'인데, 그 부처님께서는 헤아릴 수 없이 많은 보살에게 둘러싸여 지금도 법을 설하고 있다.

문수보살이여, 그 부처님께서는 처음 발심한 뒤 보살의 삶을 살아갈 때, 네 가지 큰 서원을 세웠으니 그것이 무엇이냐?

첫 번째 큰 서원은, "바라옵건대 내가 오는 세상에서 깨달음을 얻었을 때,

若有衆生 造作種種 屠害之業 斷
약 유 중 생　조 작 종 종　도 해 지 업　단

諸生命 由斯惡業 受地獄苦 設得
제 생 명　유 사 악 업　수 지 옥 고　설 득

爲人 短壽多病 或遭水火 刀毒所
위 인　단 수 다 병　혹 조 수 화　도 독 소

傷 當受死苦 若聞我名 至心稱念
상　당 수 사 고　약 문 아 명　지 심 칭 념

由是力故 所有惡業 悉皆消滅 無
유 시 력 고　소 유 악 업　실 개 소 멸　무

病長壽 不遭橫死 乃至菩提。
병 장 수　부 조 횡 사　내 지 보 리

第二大願 願我來世 得菩提時 若
제 이 대 원　원 아 내 세　득 보 리 시　약

有衆生 作諸惡業 盜他財物 當墮
유 중 생　작 제 악 업　도 타 재 물　당 타

惡趣 設得爲人 生貧窮家 乏少衣
악 취　설 득 위 인　생 빈 궁 가　핍 소 의

食 常受諸苦 若聞我名 至心稱念
식　상 수 제 고　약 문 아 명　지 심 칭 념

어떤 중생이 온갖 살생으로 많은 생명을 끊고 그 악업으로 말미암아 지옥의 고통을 받거나, 설령 사람으로 태어나도 수명이 짧고 병이 많거나 혹 물불의 재앙을 만나거나 칼을 맞아 죽을 고통을 받고 있더라도, 나의 이름을 듣고 지극한 마음으로 내 명호를 부른다면, 이 공덕으로 온갖 악업이 남김없이 없어지고 무병장수하여 횡사당할 일이 없으리니, 이들 모두 부처님의 세상을 얻게 하소서."라고 발원한 것이다.

두 번째 큰 서원은,
"바라옵건대 내가 오는 세상에서 깨달음을 얻었을 때, 어떤 중생이 온갖 악업으로 남의 재물을 훔쳐 나쁜 세상에 떨어지거나, 설령 사람으로 태어나도 가난한 집에 태어나 옷과 음식이 모자라 늘 온갖 고통을 받다가 나의 이름을 듣고 지극한 마음으로 내 명호를 부른다면,

由是力故　所有惡業　悉皆消滅
유 시 력 고　소 유 악 업　실 개 소 멸

衣服飮食　無所乏少　乃至菩提。
의 복 음 식　무 소 핍 소　내 지 보 리

第三大願　願我來世　得菩提時　若
제 삼 대 원　원 아 내 세　득 보 리 시　약

有衆生　更相凌慢　共爲仇隙　若聞
유 중 생　갱 상 능 만　공 위 구 극　약 문

我名　至心稱念　由是力故　各起慈
아 명　지 심 칭 념　유 시 력 고　각 기 자

心　猶如父母　乃至菩提。
심　유 여 부 모　내 지 보 리

第四大願　願我來世　得菩提時
제 사 대 원　원 아 내 세　득 보 리 시

若有衆生　貪欲瞋恚　愚癡所纏
약 유 중 생　탐 욕 진 에　우 치 소 전

이 공덕으로 온갖 악업이 전부 없어지고 옷과 음식이 부족하지 않으리니, 이들 모두 부처님의 세상을 얻게 하소서."라고 발원한 것이다.

세 번째 큰 서원은, "바라옵건대 내가 오는 세상에서 깨달음을 얻었을 때, 중생들이 서로 업신여겨 원수가 되더라도
나의 이름을 듣고 지극한 마음으로 내 명호를 부른다면,
이 공덕으로 저마다 어버이처럼 자비로운 마음을 일으키리니, 이들 모두 부처님의 세상을 얻게 하소서."라고 발원한 것이다.

네 번째 큰 서원은,
"바라옵건대 내가 오는 세상에서 깨달음을 얻었을 때, 중생들이 욕심내고 성내는 어리석은 삶 속에 있고

若出家在家　男女七衆¹　毀犯如來
약 출 가 재 가　남 녀 칠 중　훼 범 여 래

所制學處　造諸惡業　當墮地獄　受
소 제 학 처　조 제 악 업　당 타 지 옥　수

諸苦報　若聞我名　至心稱念　由是
제 고 보　약 문 아 명　지 심 칭 념　유 시

力故　所有惡業　悉皆消滅　斷諸煩
력 고　소 유 악 업　실 개 소 멸　단 제 번

惱　敬奉尸羅²　於身語心　善能防護
뇌　경 봉 시 라　어 신 어 심　선 능 방 호

永不退轉　乃至菩提。
영 불 퇴 전　내 지 보 리

曼殊室利　是爲彼佛如來　應正等覺
만 수 실 리　시 위 피 불 여 래　응 정 등 각

行菩薩道時　所發四種　微妙大願。
행 보 살 도 시　소 발 사 종　미 묘 대 원

---

1. 승가는 '사중四衆' 또는 '칠중七衆'으로 분류된다. 사중이란 비구, 비구니, 우바새, 우바이를 말하고, 칠중은 여기에 사미, 사미니, 식차마니를 포함하여 일컫는 말이다. 비구와 비구니는 남스님과 여스님을 말하고 우바새와 우바이는 남신도 여신도를 말한다. 칠중에서 우바새와 우바이를 제외한 오중五衆은 모두 출가 수행자이다. 식차마니는 비구니가 되기 직전 단계의 출가 여자 수행자로서 18세 이상 20세 미만이 여기에 해당된다. 특히 그 기간에는 불음不淫, 부도不盜, 불살不殺, 불허광어不虛誑語, 불음주不飮酒, 불비시식不非時食 여섯 가지 법을 수행한다.
2. 시라尸羅는 산스크리트어 śīla의 음사이니 '계율'이라는 뜻이다.

비구, 비구니, 사미, 사미니, 우바새, 우바이, 식차마니와 같은 부처님의 제자들이, 계율을 범한 모든 악업으로 지옥에 떨어져 온갖 고통을 받더라도, 나의 이름을 듣고 지극한 마음으로 내 명호를 부른다면, 이 공덕으로 온갖 악업이 남김없이 없어지고 모든 번뇌가 끊어져 계율을 공경하고 받들며 몸과 입과 뜻을 잘 다스려서 영원히 깨달음의 길에서 물러나지 않고 정진하리니, 이들 모두 부처님의 세상을 얻게 하소서."라고 발원한 것이다.

문수보살이여,
이것이 '황금빛의 오묘한 삶 부처님'이 보살의 삶을 살아갈 때 발원한 네 가지 미묘한 큰 서원이니라.

曼殊室利 又彼如來 所居佛土 廣
만 수 실 리　우 피 여 래　소 거 불 토　광

博嚴淨 地平如掌。皆以寶成 常有
박 엄 정　지 평 여 장　개 이 보 성　상 유

香氣 如妙旃檀。復以香樹而為行
향 기　여 묘 전 단　부 이 향 수 이 위 행

列 天妙珠瓔摩尼等寶 處處垂下。
렬　천 묘 주 영 마 니 등 보　처 처 수 하

多有浴池 天寶嚴飾 香水盈滿
다 유 욕 지　천 보 엄 식　향 수 영 만

眾德皆具。於其四邊 懸妙繒彩
중 덕 개 구　어 기 사 변　현 묘 증 채

街衢八道 隨處莊嚴。
가 구 팔 도　수 처 장 엄

所有眾生 無諸煩惱
소 유 중 생　무 제 번 뇌

及憂悲苦 亦無女人。
급 우 비 고　역 무 여 인

문수보살이여, 또 그 부처님께서 머무시는 부처님의 국토는 맑고 넓고 깨끗하며 손바닥처럼 평평하다. 모두 보배로 이루어졌고, 늘 오묘한 전단향과 같은 향기가 퍼져 있다. 또 향나무가 줄지어 서 있고 천상의 아름다운 옥구슬 마니주 같은 보배가 곳곳에 드리워져 있다.

몸을 씻는 여러 개의 맑은 연못은 하늘의 보배로 아름답게 꾸며져 있고 향기로운 물로 가득 차 있으며 그 안에 온갖 공덕이 다 갖추어져 있다. 무척이나 아름답고 부드러운 비단이 그 주변에 둘러쳐 있고 사방팔방으로 나 있는 거리 곳곳이 아름답게 장식되어 있다.

그곳에 사는 모든 중생은 번거롭거나 근심과 걱정으로 슬퍼하는 고통이 없고 여인이란 개념조차 없다.

多是住地 諸菩薩衆。
다 시 주 지　제 보 살 중

勝妙音樂 不鼓自鳴 演說大乘
승 묘 음 악　불 고 자 명　연 설 대 승

微妙深法 若有衆生 聞此音者
미 묘 심 법　약 유 중 생　문 차 음 자

得不退轉 無上菩提。
득 불 퇴 전　무 상 보 리

曼殊室利
만 수 실 리

彼佛如來 由昔願力
피 불 여 래　유 석 원 력

善巧方便 成就佛土
선 교 방 편　성 취 불 토

圓滿莊嚴 坐菩提座 作如是念。
원 만 장 엄　좌 보 리 좌　작 여 시 념

그곳에는 깨달음에서 물러나지 않고 정진하는 불퇴전의 지위에 오른 보살들이 많이 머물러 있다.

오묘한 음악 소리가 저절로 흘러나와 미묘하고 깊은 대승의 법을 말하고 있는데, 그 법문을 듣는 중생은 '최상의 행복인 부처님 세상으로 가는 길'에서 물러나지 않는다.

문수보살이여,

그 부처님은 전생의 원력으로 비롯된 훌륭한 방편으로 부처님의 국토를 완성하여 아름다운 모습으로 오롯이 장엄한 깨달음을 얻고는 이렇게 생각하였다.

於未來世 若有眾生 為貪瞋癡之所
어 미 래 세　약 유 중 생　위 탐 진 치 지 소

纏繞 眾病所逼 怨家得便 或時橫
전 요　중 병 소 핍　원 가 득 편　혹 시 횡

死 復由惡業 墮地獄中 受大劇苦
사　부 유 악 업　타 지 옥 중　수 대 극 고

彼佛見此 苦惱眾生 為除業障 說
피 불 견 차　고 뇌 중 생　위 제 업 장　설

此神咒 令彼受持 於現世中 得大
차 신 주　영 피 수 지　어 현 세 중　득 대

利益 遠離眾苦 住菩提故。
이 익　원 리 중 고　주 보 리 고

即說咒曰
즉 설 주 왈

'오는 세상에 어떤 중생이 욕심내고 성내는 어리석은 삶 속에서 온갖 병고에 시달리며, 원수가 노리거나 혹은 악업으로 횡사하여 지옥에 떨어져 참으로 극심한 고통을 받더라도,

나는 이 고뇌 속의 모든 중생을 보고 그들의 업장을 제거하기 위해 신주를 설하여 그들이 받아 지니도록 할 것이다.

이는 현세에서 큰 이익을 얻어 온갖 고통을 멀리 여의고 부처님의 세상에 머물게 하려는 것이기 때문이다.'

그리고는 곧 주문을 말하였다.

황금빛의 오묘한 삶 약사여래 다라니

달질타 실제실제 소실제 모절이 목찰이 목제비
목제 암말려 비말려 망알예 히란야 아비갈라달
나 아비살바알타 바단이 발라마알타 사단이말
날세 마하마날세 알보제 알실보제 비다바예 소
발니 발라함마 구사구 발라함마 주사제살바 알
제수 아발라시제 살발달라 아발라 저할제 절도
쇄 슬발타구지 바사제 납마사바 달타알다남 사
바하.

황금빛의 오묘한 삶 약사여래 다라니

달질타 실제실제 소실제 모절이 목찰이 목제비 목제 암말려 비말려 망알예 히란야 아비갈라달 나 아비살바알타 바단이 발라마알타 사단이말 날세 마하마날세 알보제 알실보제 비다바예 소 발니 발라함마 구사구 발라함마 주사제살바 알 제수 아발라시제 살발달라 아발라 저할제 절도 쇄 슬발타구지 바사제 납마사바 달타알다남 사 바하.

爾時世尊 說此大力 大明呪時
이 시 세 존　설 차 대 력　대 명 주 시

衆中所有 諸大菩薩 四大天王[1]
중 중 소 유　제 대 보 살　사 대 천 왕

釋梵王[2]等 讚言。
석 범 왕 등　찬 언

善哉善哉 大悲世尊 能說如是
선 재 선 재　대 비 세 존　능 설 여 시

過去如來 大力神呪 為欲饒益
과 거 여 래　대 력 신 주　위 욕 요 익

無量衆生 竭煩惱海 登涅槃岸
무 량 중 생　갈 번 뇌 해　등 열 반 안

除去疾病 所願皆滿。
제 거 질 병　소 원 개 만

---

1. 사대천왕은 제석천의 명을 받아 부처님 법을 지키는 동방의 지국천왕, 서방의 광목천왕, 남방의 증장천왕, 북방의 다문천왕을 말한다. 다문천왕多聞天王은 항상 부처님의 도량을 지키면서 부처님의 설법을 듣는다 하여 다문이라고 한다. 다문천왕은 그의 권속으로 야차와 나찰을 거느리고 있어 야차대장이라고도 한다.
2. 석범천은 제석천과 범천을 함께 이르는 말이다. 제석천은 도리천에 머무르면서 사천왕을 거느리고 불법을 옹호하며, 불법에 귀의하는 사람들을 보호한다. 범천梵天은 '범왕梵王'이라고도 한다. 색계色界 초선천初禪天의 왕으로 제석천왕과 함께 부처님의 법을 지키는 호법신이다.

그때 세존께서 커다란 힘과 밝은 광명을 지닌 이 주문을 설하시자 대중 가운데 있던 큰 보살 님, 사대천왕, 제석천, 범천이 모두 함께 찬탄하였다.

"참으로 좋고도 좋은 일입니다. 크게 자비로우신 세존이시여, 이처럼 지난날 황금빛의 오묘한 삶 여래께서 '부처님의 힘이 흘러나오는 신통한 주문'을 설하시어 헤아릴 수 없이 많은 중생을 이롭게 하고자 하셨으니,

그들은 온갖 번뇌를 남김없이 없애고, 열반의 피안에 올라 모든 질병에서 벗어나며, 원하는 바모든 것을 다 이룰 것입니다.

佛告大衆
불 고 대 중

若有淨信　男子女人　國王王子　大
약 유 정 신　남 자 여 인　국 왕 왕 자　대

臣輔相　中宮婇女　情希福德　於此
신 보 상　중 궁 채 녀　정 희 복 덕　어 차

神咒　起敬信心。若讀若誦　若爲他
신 주　기 경 신 심　약 독 약 송　약 위 타

人　演說其義　於諸含識　起大悲心。
인　연 설 기 의　어 제 함 식　기 대 비 심

晝夜六時　香華燈燭　慇重供養。清
주 야 육 시　향 화 등 촉　은 중 공 양　청

淨澡浴　持八戒齋　至誠念誦　所有
정 조 욕　지 팔 계 재　지 성 념 송　소 유

極重　無邊業障　悉皆消滅　於現身
극 중　무 변 업 장　실 개 소 멸　어 현 신

中　離諸煩惱　命欲終時　諸佛護念
중　이 제 번 뇌　명 욕 종 시　제 불 호 념

卽於彼國　蓮花化生。
즉 어 피 국　연 화 화 생

부처님께서 대중에게 말씀하셨다.

"만약 깨끗한 믿음을 지닌 선남자, 선여인, 임금, 왕자, 대신, 관리, 왕후, 궁녀들이 복덕을 얻으려면 이 신주를 공경하고 믿어야 한다.

이 신주를 받아 지녀 독송하고 다른 사람을 위해서 그 뜻을 일러주며 모든 중생에게 크게 자비로운 마음을 내어야 한다. 밤낮으로 향기로운 향이나 아름다운 꽃, 밝은 등불이나 환한 촛불로 정성껏 공양하여야 한다.

깨끗이 목욕한 뒤 '팔관재계'를 지키면서 지극정성으로 읽고 외운다면 한없이 무겁던 모든 업장이 전부 다 없어져, 현세에서 온갖 번뇌를 여의고 임종할 때 모든 부처님이 지키고 보호하니, 곧 부처님의 세상에서 연꽃처럼 피어날 것이다."

復次 曼殊室利 東方去此 過七殑
부차 만수실리 동방거차 과칠긍

伽 河沙佛土 有世界 名曰 無憂 佛
가 하사불토 유세계 명왈 무우 불

號 無憂最勝吉祥如來 應正等覺。
호 무우최승길상여래 응정등각

今現在彼 爲衆說法。
금현재피 위중설법

又彼如來 所居佛土 廣博嚴淨。
우피여래 소거불토 광박엄정

地平如掌 皆以寶成 細滑柔軟
지평여장 개이보성 세활유연

常有香氣。 無憂苦聲 離諸煩惱
상유향기 무우고성 이제번뇌

亦無惡趣 及女人名。 處處皆有
역무악취 급여인명 처처개유

金砌浴池 香水盈滿 寶樹行列。
금체욕지 향수영만 보수행렬

5장. 근심 없는 상서로운 부처님

또 문수보살이여, 여기에서 동쪽으로 갠지스강 모래알 수보다 일곱 배나 많은 부처님의 국토를 지나 한 세계가 있는데, 그 세계의 이름은 '근심 걱정이 없는 세상[無憂]'이다. 그 세계의 부처님 명호는 '근심 없는 상서로운 부처님[無憂最勝 吉祥如來]'인데 지금도 중생들을 위하여 법을 설하시고 있다.

그 부처님이 계시는 국토는 크고 넓고 깨끗하며 손바닥처럼 평평하다. 모두 보배로 이루어지고 나긋나긋하며 늘 향기가 있다. 근심과 걱정으로 괴로워하는 소리도 없고 온갖 번뇌가 사라졌으며 또 나쁜 곳도 없으며 여인이란 개념조차 없다. 곳곳이 다 금으로 장식되었고 몸을 씻는 맑은 연못이 있으며, 그곳에는 향기로운 물이 가득 차 있고, 보배 나무가 줄지어 서 있다.

花果滋茂　勝妙音樂　不鼓自鳴
화 과 자 무　승 묘 음 악　불 고 자 명

譬如西方　極樂世界　無量壽國
비 여 서 방　극 락 세 계　무 량 수 국

功德莊嚴。
공 덕 장 엄

曼殊室利　彼佛世尊　行菩薩道時
만 수 실 리　피 불 세 존　행 보 살 도 시

發四大願　云何爲四。
발 사 대 원　운 하 위 사

第一大願　願我來世　得菩提時
제 일 대 원　원 아 내 세　득 보 리 시

若有衆生　常爲憂苦　之所纏逼
약 유 중 생　상 위 우 고　지 소 전 핍

若聞我名　至心稱念　由是力故
약 문 아 명　지 심 칭 념　유 시 력 고

所有憂悲　及諸苦惱　悉皆消滅
소 유 우 비　급 제 고 뇌　실 개 소 멸

長壽安穩　乃至菩提。
장 수 안 온　내 지 보 리

아름다운 꽃과 맛있는 과일이 풍부하고, 수승하고 오묘한 음악이 악기를 연주하지 않아도 저절로 흘러나오니, 마치 공덕으로 장엄한 서방의 극락세계 영원한 생명 부처님 국토와 같다.

문수보살이여, 그 부처님께서 보살의 삶을 살아갈 때 네 가지 큰 서원을 세웠으니 그것이 무엇이냐?

첫 번째 큰 서원은,
"바라옵건대 내가 오는 세상에서 깨달음을 얻었을 때, 어떤 중생이 늘 근심과 걱정의 괴로움 속에 묶여 있다가 나의 이름을 듣고 지극한 마음으로 내 명호를 부른다면, 이 공덕으로 온갖 근심과 슬픔에서 오는 애타는 마음이 다 없어져 편안하게 오래 살리니, 이들 모두 부처님의 세상을 얻게 하소서."라고 발원한 것이다.

第二大願　願我來世　得菩提時
제이대원　원아내세　득보리시

若有衆生　造諸惡業　生在無間
약유중생　조제악업　생재무간

黑暗之處　大地獄中　受諸苦惱
흑암지처　대지옥중　수제고뇌

由彼前身　聞我名字　我於爾時　身
유피전신　문아명자　아어이시　신

出光明　照受苦者　由是力故　彼見
출광명　조수고자　유시력고　피견

光時　所有業障　悉皆消滅　解脫衆
광시　소유업장　실개소멸　해탈중

苦　生人天中隨意受樂　乃至菩提。
고　생인천중수의수락　내지보리

第三大願　願我來世　得菩提時
제삼대원　원아내세　득보리시

若有衆生　造諸惡業　殺盜邪淫
약유중생　조제악업　살도사음

於其現身　受刀杖苦　當墮惡趣
어기현신　수도장고　당타악취

두 번째 큰 서원은,

"바라옵건대 내가 오는 세상에서 깨달음을 얻었을 때, 어떤 중생이 온갖 악업으로 무간지옥에 떨어져 별의별 고초를 받더라도,

그들이 전생에 나의 명호를 들은 것만으로도 나의 몸에서 광명을 뿜어 그들에게 비추리니, 이힘으로 그들은 이 광명을 보고 모든 업장이 남김없이 없어져서 온갖 고통에서 벗어나 인천人天에 태어나고 마음먹은 대로 즐거움을 누리리니, 이들 모두 부처님의 세상을 얻게 하소서."라고발원한 것이다.

세 번째 큰 서원은,

"바라옵건대 내가 오는 세상에서 깨달음을 얻었을 때, 어떤 중생이 살생, 도둑질, 삿된 음행 등온갖 악업을 저질러 칼과 몽둥이로 고통을 받고나쁜 세상에 떨어지거나,

設得人身　短壽多病　生貧賤家
설 득 인 신　단 수 다 병　생 빈 천 가

衣服飲食　悉皆乏少　常受寒熱
의 복 음 식　실 개 핍 소　상 수 한 열

饑渴等苦　身無光色　所感眷屬
기 갈 등 고　신 무 광 색　소 감 권 속

皆不賢良　若聞我名　至心稱念
개 불 현 량　약 문 아 명　지 심 칭 념

由是力故　隨所願求　飲食衣服
유 시 력 고　수 소 원 구　음 식 의 복

悉皆充足　如彼諸天　身光可愛
실 개 충 족　여 피 제 천　신 광 가 애

得善眷屬　乃至菩提。
득 선 권 속　내 지 보 리

第四大願　願我來世　得菩提時
제 사 대 원　원 아 내 세　득 보 리 시

若有眾生　常為藥叉　諸惡鬼神
약 유 중 생　상 위 야 차　제 악 귀 신

之所嬈亂　奪其精氣　受諸苦惱
지 소 요 란　탈 기 정 기　수 제 고 뇌

설사 사람의 몸을 받더라도 병이 많고 수명이 짧으며, 가난한 집안에 태어나 옷과 음식이 늘 부족하여 추위, 더위, 굶주림, 목마름과 같은 고통을 받아 몸에는 윤기가 없으며, 가까운 권속들이 다 어질고 현명하지 못하더라도, 나의 이름을 듣고 지극한 마음으로 나의 명호를 부른다면, 이 공덕으로 바라는 대로 옷과 음식이 모두 충족되고 천인天人처럼 몸에서 부드러운 광택이 나며 주변에 좋은 권속들이 생기리니, 이들 모두 부처님의 세상을 얻게 하소서."라고 발원한 것이다.

네 번째 큰 서원은,
"바라옵건대 내가 오는 세상에서 깨달음을 얻었을 때, 어떤 중생이 늘 야차나 나쁜 귀신들에게 둘러싸여 정기를 빼앗기고 갖은 고통을 받다가도,

若聞我名 至心稱念 由是力故
약 문 아 명　지 심 칭 념　유 시 력 고

諸藥叉等 悉皆退散 各起慈心
제 야 차 등　실 개 퇴 산　각 기 자 심

解脫衆苦 乃至菩提。
해 탈 중 고　내 지 보 리

曼殊室利 是爲彼佛如來 應正等覺
만 수 실 리　시 위 피 불 여 래　응 정 등 각

所發四種 微妙大願。
소 발 사 종　미 묘 대 원

若有衆生 聞彼佛名 晝夜六時
약 유 중 생　문 피 불 명　주 야 육 시

稱名禮敬 至心供養 於衆生處
칭 명 예 경　지 심 공 양　어 중 생 처

起慈悲心 業障消滅 解脫憂苦
기 자 비 심　업 장 소 멸　해 탈 우 고

無病長壽 得宿命智 於諸佛土
무 병 장 수　득 숙 명 지　어 제 불 토

蓮花化生 常爲諸天之所衛護。
연 화 화 생　상 위 제 천 지 소 위 호

94

나의 이름을 듣고 지극한 마음으로 나의 명호를 부른다면, 이 공덕으로 야차와 귀신들이 자비로운 마음을 일으켜 전부 물러나 흩어지기에 온갖 괴로움에서 벗어나리니, 이들 모두 부처님의 세상을 얻게 하소서."라고 발원한 것이다.

문수보살이여, 이것이 '근심 없는 상서로운 부처님'이 보살의 삶을 살아갈 때 발원한 네 가지 미묘한 큰 서원이니라.

어떤 사람이 그 부처님의 이름을 듣고 밤낮으로 명호를 부르며 예불 공경하고 지극한 마음으로 공양하며 중생들에게 자비로운 마음을 일으키면, 업장이 모두 다 없어져 근심과 걱정에서 벗어나 무병장수하고 전생을 아는 지혜를 얻어, 모든 부처님의 국토에서 연꽃처럼 피어나 늘 하늘신의 보호를 받는다.

曼殊室利 稱彼佛名 能生如是
만 수 실 리　칭 피 불 명　능 생 여 시

無量福業 而彼佛土 願力莊嚴
무 량 복 업　이 피 불 토　원 력 장 엄

殊勝功德 聲聞獨覺 所不能知
수 승 공 덕　성 문 독 각　소 불 능 지

唯除如來 應正等覺。
유 제 여 래　응 정 등 각

문수보살이여,

그 부처님의 명호를 부르면 이와 같은 무량한 복덕이 생기니, 그 부처님의 국토에서 원력으로 장엄한 남다른 공덕은 성문이나 독각이 알지 못하며 오직 '근심 없는 상서로운 부처님'만이 알 수 있다.

復次 曼殊室利 東方去此 過八殑
부차 만수실리 동방거차 과팔긍

伽 河沙佛土 有世界 名曰 法幢。
가 하사불토 유세계 명왈 법당

佛號 法海雷音如來 應正等覺
불호 법해뢰음여래 응정등각

今現說法。
금현설법

曼殊室利 彼佛世尊 所居國土 清
만수실리 피불세존 소거국토 청

淨無穢 其地平正 頗梨[1]所成 常有
정무예 기지평정 파리소성 상유

光明 香氣芬馥。以帝青寶 而為城
광명 향기분복 이제청보 이위성

郭 有八街道 砌以金銀 樓閣殿堂
곽 유팔가도 체이금은 누각전당

飛甍戶牖 欄楯莊飾 皆眾寶成。
비맹호유 난순장식 개중보성

---

1. 파리頗梨는 하얀 수정을 말한다.

6장. 우레 같은 온갖 법의 부처님

또 문수보살이여, 여기에서 동쪽으로 갠지스강 모래알 수보다 여덟 곱이나 많은 부처님의 국토를 지나 한 세계가 있는데, 그 세계의 이름은 '법의 깃발 세상[法幢]'이다. 그 부처님 명호는 '우레 같은 온갖 법의 부처님[法海雷音] 여래 응공 정변지 명행족 선서 세간해 무상사 조어장부 천인사 불세존'인데 지금도 중생을 위하여 법을 설하고 있다. 문수보살이여, 그 부처님께서 계시는 국토는 맑고 깨끗하여 더러움이 없다. 땅은 평평하며 빛나는 수정으로 이루어져 늘 빛이 나고 향기로운 꽃향기가 가득하다.

제석천의 푸른 보석으로 성곽을 쌓고 사방팔방의 거리는 금은으로 장식되었으며 누각, 전당, 날아 오를듯한 용마루, 문, 창문, 난간이 모두 갖가지 보배로 아름답게 꾸며졌다.

天香寶樹 隨處行列 於其枝上 掛
천 향 보 수　수 처 행 렬　어 기 지 상　괘

以天繪 復有寶鈴 處處垂下 微風
이 천 증　부 유 보 령　처 처 수 하　미 풍

吹動 出妙音聲 演暢無常 苦空無
취 동　출 묘 음 성　연 창 무 상　고 공 무

我。衆生聞者 捨離欲纏 習氣漸除
아　증 생 문 자　사 리 욕 전　습 기 점 제

證甚深定。天妙香花 繽紛而下 於
증 심 심 정　천 묘 향 화　빈 분 이 하　어

其四面 有八浴池 底布金沙 香水
기 사 면　유 팔 욕 지　저 포 금 사　향 수

彌滿。曼殊室利
미 만　만 수 실 리

於彼佛土 無諸惡趣 亦無女人 蓮
어 피 불 토　무 제 악 취　역 무 여 인　연

花化生 無復煩惱。彼佛如來 行菩
화 화 생　무 부 번 뇌　피 불 여 래　행 보

薩道時 發四大願 云何為四。
살 도 시　발 사 대 원　운 하 위 사

하늘의 향기가 나는 보배 나무는 곳곳마다 줄을 지어 서 있으며, 그 가지에는 하늘나라의 아름다운 비단이 늘어지고 또 보배 방울이 곳곳에 달려 있어 부드러운 바람이 불 때마다 미묘한 소리가 나면서 무상無常, 고苦, 공空, 무아無我의 이치를 설한다. 중생들은 이 법문을 듣고 애욕을 버리며 잘못된 버릇을 점차 고쳐 깊고 깊은 선정에 들어간다. 또 천상의 미묘한 향을 지닌 꽃이 아름답게 흩날리고 사방으로 여덟 개의 몸을 씻는 맑은 연못이 있는데, 그 바닥은 금모래가 깔려 있고 향기로운 물로 가득 차 있다.

문수보살이여, 나쁜 세상이 없고 여인이란 개념조차도 없는 그 부처님의 국토에서 중생들이 깨달아 연꽃처럼 피어나니 다시는 번뇌가 없다. 그 부처님께서 보살의 삶을 살아갈 때 네 가지 큰 서원을 세웠으니 그것이 무엇이냐?

第一大願　願我來世　得菩提時
제 일 대 원　원 아 내 세　득 보 리 시

若有衆生　生邪見家　於佛法僧
약 유 중 생　생 사 견 가　어 불 법 승

不生淨信　遠離無上　菩提之心
불 생 정 신　원 리 무 상　보 리 지 심

若聞我名　至心稱念　由是力故
약 문 아 명　지 심 칭 념　유 시 력 고

無明邪慧　日夜消滅　於三寶所
무 명 사 혜　일 야 소 멸　어 삼 보 소

深生正信　不復退轉　乃至菩提。
심 생 정 신　불 부 퇴 전　내 지 보 리

第二大願　願我來世　得菩提時
제 이 대 원　원 아 내 세　득 보 리 시

若有衆生　生在邊地　由近惡友
약 유 중 생　생 재 변 지　유 근 악 우

造衆罪業　不修善品　三寶名字
조 중 죄 업　불 수 선 품　삼 보 명 자

曾不經耳　命終之後　墮三惡趣
증 불 경 이　명 종 지 후　타 삼 악 취

첫 번째 큰 서원은,

"바라옵건대 내가 오는 세상에서 깨달음을 얻었을 때, 어떤 중생이 삿된 소견을 지닌 집안에 태어나 삼보에 대한 깨끗한 믿음이 없어 최상의 깨달음을 멀리하다가도 나의 이름을 듣고 지극한 마음으로 나의 명호를 부른다면, 이 공덕으로 무명 또는 삿된 지혜가 금방 없어져서 삼보에 깊은 믿음을 내고 다시는 깨달음의 길에서 물러나지 않고 정진하리니, 이들 모두 부처님의 세상을 얻게 하소서."라고 발원한 것이다.

두 번째 큰 서원은,

"바라옵건대 내가 오는 세상에서 깨달음을 얻었을 때, 어떤 중생이 좋지 않은 환경에서 태어나 나쁜 벗을 가까이함으로써 온갖 죄업을 짓게 되고 착한 일을 하지 않으며 삼보의 이름도 들은 적이 없어 죽은 뒤 삼악도에 떨어지더라도,

彼諸衆生　暫聞我名者
피 제 중 생　잠 문 아 명 자

由是力故　業障消除　遇善知識
유 시 력 고　업 장 소 제　우 선 지 식

不墮惡趣　乃至菩提。
불 타 악 취　내 지 보 리

第三大願　願我來世　得菩提時
제 삼 대 원　원 아 내 세　득 보 리 시

若有衆生　衣服飲食　臥具醫藥
약 유 중 생　의 복 음 식　와 구 의 약

資生所須　悉皆乏少　由此因緣
자 생 소 수　실 개 핍 소　유 차 인 연

生大憂苦　爲求覓故　造衆惡業
생 대 우 고　위 구 멱 고　조 중 악 업

若聞我名　至心稱念　由是力故
약 문 아 명　지 심 칭 념　유 시 력 고

所有乏少　隨念皆得　乃至菩提。
소 유 핍 소　수 념 개 득　내 지 보 리

104

그 중생이 잠깐이나마 나의 이름을 들었다면, 이 공덕으로 선지식을 만나 업장이 모두 다 없어지고 삼악도에 떨어지지 않으리니, 이들 모두 부처님의 세상을 얻게 하소서."라고 발원한 것이다.

세 번째 큰 서원은,
"바라옵건대 내가 오는 세상에서 깨달음을 얻었을 때, 어떤 중생이 옷이나 음식, 침구, 의약, 살림살이에 필요한 모든 것이 부족하여 큰 고통을 당하다가 이를 구하기 위하여 온갖 악업을 저지르더라도 나의 이름을 듣고 지극한 마음으로 나의 명호를 부른다면, 이 공덕으로 부족한 모든 것이 생각대로 채워지리니, 이들 모두 부처님의 세상을 얻게 하소서."라고 발원한 것이다.

第四大願 願我來世 得菩提時
제 사 대 원　원 아 내 세　득 보 리 시

若有衆生 由先惡業 共相鬪諍
약 유 중 생　유 선 악 업　공 상 투 쟁

作不饒益 弓箭刀杖 互爲傷損
작 불 요 익　궁 전 도 장　호 위 상 손

若聞我名 至心稱念
약 문 아 명　지 심 칭 념

由是力故 各起慈心 不相損害
유 시 력 고　각 기 자 심　불 상 손 해

不善之念 尚自不生 況於前人
불 선 지 념　상 자 불 생　황 어 전 인

欲斷其命 常行喜捨 乃至菩提。
욕 단 기 명　상 행 희 사　내 지 보 리

曼殊室利 是爲彼佛如來 應正等覺
만 수 실 리　시 위 피 불 여 래　응 정 등 각

行菩薩道時 所發四種 微妙大願。
행 보 살 도 시　소 발 사 종　미 묘 대 원

네 번째 큰 서원은,

"바라옵건대 내가 오는 세상에서 깨달음을 얻었을 때, 어떤 중생들이 전생의 악업으로 서로 다투고 자신의 이익만을 챙겨 활, 칼, 몽둥이로 서로 해치다가도, 나의 이름을 듣고 지극한 마음으로 나의 명호를 부른다면, 이 공덕으로 저마다 자비로운 마음을 내어 다른 사람의 목숨을 끊으려는 마음을 내기는커녕 서로 해치지 않으며 나쁜 생각조차 하지 않아 늘 기쁜 마음으로 남을 차별하지 않게 되리니, 이들 모두 부처님의 세상을 얻게 하소서."라고 발원한 것이다.

문수보살이여,

이것이 '온갖 법이 우레와 같은 부처님'이 보살의 삶을 살아갈 때 세웠던 네 가지 미묘한 큰 서원이니라.

若有淨信　男子女人　聞彼佛名
약 유 정 신　남 자 여 인　문 피 불 명

至心禮敬　慇勤供養　受持念誦
지 심 예 경　은 근 공 양　수 지 염 송

業障消滅　得不退轉　菩提之心
업 장 소 멸　득 불 퇴 전　보 리 지 심

具宿命智　所生之處　常得見佛
구 숙 명 지　소 생 지 처　상 득 견 불

無病長壽　命終之後　生彼國中
무 병 장 수　명 종 지 후　생 피 국 중

衣服飲食　資生之具　隨念皆至
의 복 음 식　자 생 지 구　수 념 개 지

無所乏少。
무 소 핍 소

曼殊室利
만 수 실 리

彼佛世尊　具足如是　無量功德
피 불 세 존　구 족 여 시　무 량 공 덕

是故衆生　常當憶念　勿令忘失。
시 고 중 생　상 당 억 념　물 령 망 실

만약 깨끗한 믿음을 지닌 선남자 선여인이 이 부처님의 명호를 듣고 지극한 마음으로 예배 공경하며 정성껏 공양하고 그 명호를 받아 지녀 읽고 외운다면,

업장이 모두 다 없어져 깨달음에서 물러나지 않고 정진하여 전생을 아는 지혜를 갖출 것이며, 태어나는 곳에서 언제나 부처님을 뵐 수 있고 병이 없이 오래 살며 임종한 뒤에는, 그 부처님의 국토에 태어나 옷, 음식, 살림살이가 원하는 대로 마련되어 부족할 것이 없을 것이다.

문수보살이여,
그 부처님은 이와 같은 한량없는 공덕을 다 갖추고 있으니, 이 때문에 중생은 그 부처님을 항상 기억하고 잊지 않도록 해야 한다.

復次 曼殊室利 東方去此 過九殑
부차 만수실리 동방거차 과구긍

伽 河沙佛土 有世界 名曰 善住寶
가 하사불토 유세계 명왈 선주보

海。佛號 法海勝慧遊戲神通如來
해 불호 법해승혜유희신통여래

應正等覺 現在說法。
응정등각 현재설법

曼殊室利 彼佛如來
만수실리 피불여래

行菩薩道時 發四大願 云何為四。
행보살도시 발사대원 운하위사

第一大願 願我來世 得菩提時 若
제일대원 원아내세 득보리시 약

有衆生 造衆惡業 種植耕耘
유중생 조중악업 종식경운

110

7장. 법의 바다 신통 지혜 부처님

또 문수보살이여, 여기에서 동쪽으로 갠지스강 모래알 수보다 아홉 곱이나 많은 부처님의 국토를 지나 한 세계가 있는데, 그 세계의 이름은 '보배 바다에 사는 세상[善住寶海]'이다. 그 부처님의 명호는 '법의 바다 신통 지혜 부처님[法海勝慧遊戲神通] 여래 응공 정변지 명행족 선서 세간해 무상사 조어장부 천인사 불세존'인데 지금도 중생을 위하여 법을 설하고 있다.

문수보살이여, 그 부처님께서 보살의 삶을 살아갈 때 네 가지 큰 서원을 세웠으니 그것이 무엇이냐?

첫 번째 큰 서원은, "바라옵건대 내가 오는 세상에서 깨달음을 얻었을 때, 어떤 중생이 나쁜 업으로 씨앗을 뿌리고 밭을 갈다가

損諸生命 或復興易 欺誑他人 戰陣
손 제 생 명　혹 부 흥 역　기 광 타 인　전 진

兵戈 常爲殺害 若聞我名 至心稱念
병 과　상 위 살 해　약 문 아 명　지 심 칭 념

由是力故 資生之具 不假營求 隨心
유 시 력 고　자 생 지 구　불 가 영 구　수 심

滿足 常修衆善 乃至菩提。
만 족　상 수 중 선　내 지 보 리

第二大願
제 이 대 원

願我來世得菩提時 若有衆生 造十
원 아 내 세 득 보 리 시　약 유 중 생　조 십

惡業[1]殺生等罪 由此因緣 當墮地
악 업　살 생 등 죄　유 차 인 연　당 타 지

獄 若聞我名 至心稱念 於十善道
옥　약 문 아 명　지 심 칭 념　어 십 선 도

皆得成就 不墮惡趣 乃至菩提。
개 득 성 취　불 타 악 취　내 지 보 리

---

1. 몸과 입과 뜻으로 짓는 이 열 가지 좋은 업을 합쳐 '십선十善'이라 하고, 그 반대는 '십악十惡'이라
한다. 부처님이나 보살처럼 지혜로운 마음을 쓰면 십선이 되고, 중생처럼 어리석은 마음을 쓰면
십악이 된다. 십악은 '십불선업十不善業'이라고도 한다. 곧 살생殺生·투도偸盜·사음邪淫·망어妄語·기
어綺語·악구惡口·양설兩舌·탐욕貪慾·진에瞋恚·사견邪見을 통틀어 일컫는 말이다.

미물들의 생명을 해치기도 하고, 물건을 팔면서 남을 속이기도 하며, 전쟁터에서 칼과 창으로 상대를 죽이게 되더라도, 나의 이름을 듣고 지극한 마음으로 나의 명호를 부른다면, 이 공덕으로 살림살이를 구하지 않아도 마음먹은 대로 다 채워지고 언제나 좋은 일만 하게 되리니, 이들 모두 부처님의 세상을 얻게 하소서."라고 발원한 것이다.

두 번째 큰 서원은,
"바라옵건대 내가 오는 세상에서 깨달음을 얻었을 때, 어떤 중생이 살생 같은 온갖 악업을 저질러 지옥에 떨어지더라도, 나의 이름을 듣고 지극한 마음으로 나의 명호를 부른다면, 이 공덕으로 온갖 좋은 삶을 살아가며 삼악도에 떨어지지 않으리니, 이들 모두 부처님 세상을 얻게 하소서."
라고 발원한 것이다.

第三大願 願我來世 得菩提時 若
제 삼 대 원　원 아 내 세　득 보 리 시　약

有衆生 不得自在 繫屬於他 或被
유 중 생　부 득 자 재　계 속 어 타　혹 피

禁繫 杻械枷鎖 鞭杖苦楚 乃至極
금 계　뉴 계 가 쇄　편 장 고 초　내 지 극

刑 若聞我名 至心稱念 由是力故
형　약 문 아 명　지 심 칭 념　유 시 력 고

所有厄難 皆得解脫 乃至菩提。
소 유 액 난　개 득 해 탈　내 지 보 리

第四大願 願我來世 得菩提時
제 사 대 원　원 아 내 세　득 보 리 시

若有衆生 造衆惡業 不信三寶
약 유 중 생　조 중 악 업　불 신 삼 보

隨虛妄見 棄背正理 愛樂邪徒
수 허 망 견　기 배 정 리　애 요 사 도

謗毀佛經 言非聖說 外道典籍
방 훼 불 경　언 비 성 설　외 도 전 적

恭敬受持 自作教人
공 경 수 지　자 작 교 인

세 번째 큰 서원은, "바라옵건대 내가 오는 세상에서 깨달음을 얻었을 때, 어떤 중생들이 자재하지 못한 까닭으로 남에게 얽매여서 죄를 짓고 쇠고랑이나 칼, 쇠사슬, 채찍, 몽둥이로 갖은 고초를 당하여 극형에 처하게 되더라도 나의 이름을 듣고 지극한 마음으로 나의 명호를 부른다면, 이 공덕으로 온갖 횡액과 재난에서 다 벗어나게 되리니, 이들 모두 부처님의 세상을 얻게 하소서."라고 발원한 것이다.

네 번째 큰 서원은, "바라옵건대 내가 오는 세상에서 깨달음을 얻었을 때, 어떤 중생이 온갖 악업으로 삼보를 믿지 않고 허망한 견해를 좇아 올바른 이치를 등지며, 삿된 무리를 좋아하고 부처님의 가르침을 비방하며 성인의 가르침이 아닌 것을 말하고, 외도의 가르침을 공경하고 받아 지녀 다른 사람을 가르치며,

俱生迷惑 當墮地獄 無有出期
구 생 미 혹　당 타 지 옥　무 유 출 기

設得為人 生八難處 遠離正道
설 득 위 인　생 팔 난 처　원 리 정 도

盲無慧目 如是之人 若聞我名
맹 무 혜 목　여 시 지 인　약 문 아 명

至心稱念 由是力故 臨命終時
지 심 칭 념　유 시 력 고　임 명 종 시

正念現前 解脫衆難 常生中國
정 념 현 전　해 탈 중 난　상 생 중 국

受勝妙樂 乃至菩提。
수 승 묘 락　내 지 보 리

曼殊室利 是為彼佛如來應正等覺
만 수 실 리　시 위 피 불 여 래 응 정 등 각

行菩薩道時 所發四種 微妙大願。
행 보 살 도 시　소 발 사 종　미 묘 대 원

曼殊室利 彼佛國土 功德莊嚴
만 수 실 리　피 불 국 토　공 덕 장 엄

與上妙寶 如來世界 等無有異。
여 상 묘 보　여 래 세 계　등 무 유 이

함께 어리석은 마음을 내어 결국 지옥에 떨어져 빠져나올 기약이 없게 되고, 설사 사람 몸을 받아도 수행하기 어려워 바른길을 멀리하고 지혜로운 안목이 없는 이런 사람들이 나의 이름을 듣고 지극정성 나의 명호를 부른다면, 이 공덕으로 임종할 때 바른 견해를 갖추게 되어 온갖 어려움을 벗어나 언제나 좋은 나라에서 오묘하고 넘쳐나는 즐거움을 누리게 되리니, 이들 모두 부처님의 세상을 얻게 하소서."라고 발원한 것이다.

문수보살이여, 이것이 '법의 바다 신통 지혜 부처님'이 보살의 삶을 살아갈 때 세웠던 네 가지 미묘한 큰 서원이다.

문수보살이여, 그 부처님의 국토를 공덕으로 장엄하는 것은 위에서 말한 '묘한 보배 세상[妙寶]'과 똑같아 다를 것이 없다.

復次 曼殊室利 東方去此 過十殑
부차 만수실리 동방거차 과십긍

伽 河沙佛土 有世界 名淨琉璃。佛
가 하사불토 유세계 명정유리 불

號 藥師琉璃光如來 應正等覺。
호 약사유리광여래 응정등각

曼殊室利 彼佛世尊 從初發心 行
만수실리 피불세존 종초발심 행

菩薩道時 發十二大願 云何十二。
보살도시 발십이대원 운하십이

第一大願 願我來世 得菩提時 自身
제일대원 원아내세 득보리시 자신

光明 照無邊界 三十二相[1]八十隨
광명 조무변계 삼십이상 팔십수

好 莊嚴其身 令諸有情 如我無異。
호 장엄기신 영제유정 여아무이

---

1. 부처님의 육신이나 전륜성왕의 몸에 갖추어져 있는 거룩한 용모와 형상 중에서 특히 현저하게 뛰어난 서른두 가지를 가려서 '삼십이상'이라 한다. 또한 '팔십종호'는 '팔십수형호八十隨形好'라고 도 하는데, 부처님의 몸에 갖추어진 미묘한 모습이다. 팔십종호는 32상에 따르는 잘생긴 모양이라는 뜻으로 32상을 다시 세밀하게 나누어 놓은 것이다.

118

8장. 약사유리광여래 부처님

또 문수보살이여, 여기에서 동쪽으로 갠지스강 모래알 수보다 열 곱이나 많은 부처님 국토를 지나 한 세계가 있는데, 그 세계의 이름은 '맑고 투명한 유리 세상[淨瑠璃]'이다. 그 세계의 부처님 명호는 약효를 잘 알아 병을 고치시는 '약사유리 광 부처님 여래 응공 정변지 명행족 선서 세간해 무상사 조어장부 천인사 불세존'이다.

문수보살이여, 그 부처님께서 처음 발심한 뒤 보살의 삶을 살아갈 때 열두 가지 큰 서원을 세웠으니 그것이 무엇이냐?

첫 번째 큰 서원은, "바라옵건대 내가 오는 세상에서 깨달음을 얻었을 때, 내 몸에서 광명이 뻗어 끝없이 넓은 세계를 비추어 삼십이상 팔십종호로 모든 중생의 몸을 장엄하여 그들이 나와 다름이 없게 하소서."라고 발원한 것이다.

第二大願　願我來世　得菩提時
제 이 대 원　원 아 내 세　득 보 리 시

身如琉璃　內外清徹　光明廣大
신 여 유 리　내 외 청 철　광 명 광 대

遍滿諸方　焰網莊嚴　過於日月
변 만 제 방　염 망 장 엄　과 어 일 월

鐵圍中間　幽冥之處　互得相見
철 위 중 간　유 명 지 처　호 득 상 견

或於此界　暗夜遊行　斯等衆生
혹 어 차 계　암 야 유 행　사 등 중 생

見我光明　悉蒙開曉　隨作衆事。
견 아 광 명　실 몽 개 효　수 작 중 사

第三大願　願我來世　得菩提時
제 삼 대 원　원 아 내 세　득 보 리 시

以無量無邊　智慧方便
이 무 량 무 변　지 혜 방 편

令諸有情　所受用物　皆得無盡。
영 제 유 정　소 수 용 물　개 득 무 진

두 번째 큰 서원은,

"바라옵건대 내가 오는 세상에서 깨달음을 얻었을 때, 몸이 맑고 투명한 유리처럼 안팎이 투명하고 그 광명이 널리 시방세계를 두루 비추며, 불길처럼 타오르는 빛의 장엄은 해와 달보다 더 찬란하여 깜깜한 철위산 가운데 깊고 깊은 곳에서도 서로 볼 수 있으니 이 사바세계 어두운 밤에 노니는 중생들도 나의 광명을 보고 모두 마음이 열려 온갖 일을 처리할 수 있게 하소서."라고 발원한 것이다.

세 번째 큰 서원은,

"바라옵건대 내가 오는 세상에서 깨달음을 얻었을 때, 헤아릴 수 없는 지혜 방편으로 모든 중생의 살림살이가 조금도 부족함이 없게 하소서."라고 발원한 것이다.

第四大願 願我來世 得菩提時 若
제 사 대 원　원 아 내 세　득 보 리 시　약

諸有情 行邪道者 悉令遊履 菩提
제 유 정　행 사 도 자　실 령 유 리　보 리

正路 若行聲聞 獨覺乘者 亦令安
정 로　약 행 성 문　독 각 승 자　역 령 안

住 大乘法中。
주　대 승 법 중

第五大願
제 오 대 원

願我來世 得菩提時 若諸有情 於
원 아 내 세　득 보 리 시　약 제 유 정　어

我法中 修行梵行 一切皆令 得不
아 법 중　수 행 범 행　일 체 개 령　득 불

缺戒 善防三業 無有毀犯 墮惡趣
결 계　선 방 삼 업　무 유 훼 범　타 악 취

者。設有毀犯 聞我名已 專念受持
자　설 유 훼 범　문 아 명 이　전 념 수 지

至心發露 還得淸淨乃至菩提。
지 심 발 로　환 득 청 정 내 지 보 리

네 번째 큰 서원은, "바라옵건대 내가 오는 세상에서 깨달음을 얻었을 때, 중생들이 삿된 도를 행하고 있다면 그들이 모두 깨달음의 올바른 길로 가게 하고, 성문이나 독각의 가르침을 따르는 사람도 대승의 법 가운데 편안히 머무르게 하소서."라고 발원한 것이다.

다섯 번째 큰 서원은, "바라옵건대 내가 오는 세상에서 깨달음을 얻었을 때, 모든 중생이 나의 법 가운데서 깨끗한 삶을 살게 하고 부처님의 삶에 어긋나지 않게 하며 몸과 입과 마음을 잘 다스려 파계하지 않게 하며 한 중생도 삼악도에 떨어지지 않게 하리라. 설사 어떤 중생이 파계하더라도 나의 이름을 듣고 지극정성으로 받아 지녀 지극한 마음으로 그 명호를 드러내면 그 자리에서 맑고 깨끗해지리니, 이들 모두 부처님의 세상을 얻게 하소서."라고 발원한 것이다.

第六大願　願我來世　得菩提時
제육대원　원아내세　득보리시

若諸有情　諸根不具　醜陋頑愚
약제유정　제근불구　추루완우

聾盲瘖瘂　攣躄背僂　白癩癲狂
롱맹암아　연벽배루　백라전광

種種病苦　之所纏逼　若聞我名
종종병고　지소전핍　약문아명

至心稱念　皆得端嚴　衆病除愈。
지심칭념　개득단엄　중병제유

第七大願　願我來世　得菩提時
제칠대원　원아내세　득보리시

若諸有情　貧窮困苦　無有歸趣
약제유정　빈궁곤고　무유귀취

衆病所逼　無藥無醫　暫聞我名
중병소핍　무약무의　잠문아명

衆病消散　眷屬增盛　資財無乏
중병소산　권속증성　자재무핍

身心安樂　乃至菩提。
신심안락　내지보리

124

여섯 번째 큰 서원은, "바라옵건대 내가 오는 세상에서 깨달음을 얻을 때, 어떤 중생이 몸에 장애가 있어 추악한 모습을 하고 어리석고 미련하거나, 눈이 안 보이거나 귀가 안 들리며 말을 하지 못하는 것, 걷지 못하는 것, 등이 굽은 것, 나병, 정신병 등 온갖 병고에 시달리는 처지에 있더라도, 나의 이름을 듣고 지극한 마음으로 나의 명호를 부른다면 모두가 다 정상적인 몸이 되어 온갖 병이 낫게 하소서."라고 발원한 것이다.

일곱 번째 큰 서원은, "바라옵건대 내가 오는 세상에서 깨달음을 얻었을 때, 어떤 중생이 곤궁하여 갈 곳이 없고 온갖 병고에 시달리며 의사와 약이 없는 처지에 놓이게 되더라도, 잠시라도 나의 명호를 듣는다면, 온갖 질병이 없어지고 집안이 번성하며 재물이 부족하지 않아 몸과 마음이 안락하게 되리니, 이들 모두 부처님의 세상을 얻게 하소서."라고 발원한 것이다.

第八大願　願我來世　得菩提時
제 팔 대 원　원 아 내 세　득 보 리 시

若有女人　為女衆苦　之所逼切
약 유 여 인　위 여 중 고　지 소 핍 절

極生厭離　願捨女身　若聞我名
극 생 염 리　원 사 여 신　약 문 아 명

至心稱念　卽於現身　轉成男子
지 심 칭 념　즉 어 현 신　전 성 남 자

具丈夫相　乃至菩提。
구 장 부 상　내 지 보 리

第九大願　願我來世　得菩提時
제 구 대 원　원 아 내 세　득 보 리 시

令諸有情　出魔胃網　復有種種
영 제 유 정　출 마 견 망　부 유 종 종

邪見之徒　皆當攝受　令生正見
사 견 지 도　개 당 섭 수　영 생 정 견

漸令修習　諸菩薩行　乃至菩提。
점 령 수 습　제 보 살 행　내 지 보 리

여덟 번째 큰 서원은,

"바라옵건대 내가 오는 세상에서 깨달음을 얻었을 때, 만약 어떤 여인이 온갖 고통에 시달리고 여인의 몸을 몹시도 싫어하여 그 몸을 버리고자 할 때, 나의 이름을 듣고 지극한 마음으로 나의 명호를 부른다면 곧 현재의 몸에서 남자가 되어 장부의 모습을 갖추게 되리니, 이들 모두 부처님의 세상을 얻게 하소서."라고 발원한 것이다.

아홉 번째 큰 서원은,

"바라옵건대 내가 오는 세상에서 깨달음을 얻었을 때, 모든 중생이 마구니 그물에서 벗어나고 또 삿된 견해를 지닌 사람들은 정견을 내어 시나브로 온갖 보살행을 닦게 되리니, 이들 모두 부처님의 세상을 얻게 하소서."라고 발원한 것이다.

第十大願 願我來世得菩提時 若諸
제 십 대 원 원 아 내 세 득 보 리 시 약 제

有情 王法所拘 幽禁牢獄 枷鎖鞭
유 정 왕 법 소 구 유 금 뢰 옥 가 쇄 편

撻 至極刑復 復有眾多 苦楚之事
달 지 극 형 부 부 유 중 다 고 초 지 사

逼切憂惱 無暫樂時 若聞我名 以
핍 절 우 뇌 무 잠 락 시 약 문 아 명 이

我福德 威神力故 皆得解脫 一切
아 복 덕 위 신 력 고 개 득 해 탈 일 체

憂苦 乃至菩提。第十一大願 願我
우 고 내 지 보 리 제 십 일 대 원 원 아

來世得菩提時 若諸有情 饑火所惱
내 세 득 보 리 시 약 제 유 정 기 화 소 뇌

為求食故 造諸惡業 若聞我名 至
위 구 식 고 조 제 악 업 약 문 아 명 지

心稱念 我當先以上妙飲食 隨意飽
심 칭 념 아 당 선 이 상 묘 음 식 수 의 포

滿 後以法味 令住勝樂乃至菩提。
만 후 이 법 미 영 주 승 락 내 지 보 리

열 번째 큰 서원은, "바라옵건대 내가 오는 세상에서 깨달음을 얻었을 때, 국법에 저촉된 중생들이 감옥에 갇혀 목에 씌우는 칼이나 쇠사슬, 채찍질로 극형을 당하고 또 온갖 고초에 시달려 잠시도 편안할 겨를이 없다 하더라도, 만약 나의 이름을 듣는다면 나의 복덕이나 위엄과 신통의 힘으로 모든 근심과 고통에서 다 벗어나리니, 이들 모두 부처님의 세상을 얻게 하소서."라고 발원한 것이다.

열한 번째 큰 서원은, "바라옵건대 내가 오는 세상에서 깨달음을 얻었을 때, 어떤 중생이 굶주림에 시달려 먹을 것을 구하려고 갖은 악업을 짓다가도, 나의 이름을 듣고 지극한 마음으로 나의 명호를 부른다면, 나는 먼저 좋은 음식을 마음껏 먹게 한 뒤 법을 설하여 넘치는 즐거움에 머물게 하리니, 이들 모두 부처님의 세상을 얻게 하소서."라고 발원한 것이다.

第十二大願 願我來世 得菩提時
제 십 이 대 원 원 아 내 세 득 보 리 시

若諸有情 身無衣服 蚊虻寒熱
약 제 유 정 신 무 의 복 문 맹 한 열

之所逼惱 若聞我名 至心稱念
지 소 핍 뇌 약 문 아 명 지 심 칭 념

隨其所好 即得種種 上妙衣服
수 기 소 호 즉 득 종 종 상 묘 의 복

寶莊嚴具 伎樂香華
보 장 엄 구 기 악 향 화

皆令滿足 離諸苦惱 乃至菩提。
개 령 만 족 이 제 고 뇌 내 지 보 리

曼殊室利
만 수 실 리

是為藥師琉璃光如來應正等覺
시 위 약 사 유 리 광 여 래 응 정 등 각

行菩薩道時 所發十二 微妙上願。
행 보 살 도 시 소 발 십 이 미 묘 상 원

열두 번째 큰 서원은, "바라옵건대 내가 오는 세상에서 깨달음을 얻었을 때, 옷이 없는 어떤 중생이 모기나 곤충, 추위와 더위에 몹시 시달리더라도, 나의 이름을 듣고 지극한 마음으로 나의 명호를 부른다면, 그들이 원하는 대로 좋은 옷을 얻고 보배로 만든 온갖 악기, 향기로운 향, 아름다운 꽃을 맘껏 다 가지며, 모든 고뇌에서 벗어나게 되리니, 이들 모두 부처님의 세상을 얻게 하소서."라고 발원한 것이다.

문수보살이여, 이것이 '약사유리광여래 부처님' 이 보살의 삶을 살아갈 때 발원한 열두 가지 미묘한 큰 서원이니라.

爾時佛告 曼殊室利
이 시 불 고 만 수 실 리

彼藥師琉璃光如來 行菩薩道時
피 약 사 유 리 광 여 래 행 보 살 도 시

所發大願 及彼佛土 功德莊嚴
소 발 대 원 급 피 불 토 공 덕 장 엄

我於一劫 若過一劫 說不能盡。
아 어 일 겁 약 과 일 겁 설 불 능 진

然彼佛土 純一淸淨 無諸欲染
연 피 불 토 순 일 청 정 무 제 욕 염

亦無女人 及三惡趣 苦惱之聲
역 무 여 인 급 삼 악 취 고 뇌 지 성

以淨琉璃 而爲其地 城闕宮殿
이 정 유 리 이 위 기 지 성 궐 궁 전

及諸廊宇 軒窓羅網[1] 皆七寶成
급 제 낭 우 헌 창 나 망 개 칠 보 성

亦如西方 極樂世界 功德莊嚴。
역 여 서 방 극 락 세 계 공 덕 장 엄

---

1. 나망羅網은 불전佛前을 장식하는 기구로 구슬을 꿰어서 그물처럼 만든 것이다.

그때 부처님께서 문수보살에게 말씀하셨다.

약사유리광여래 부처님께서 보살의 삶을 살아
갈 때 세웠던 큰 서원과 공덕으로 장엄한 부처님
국토를, 내가 헤아릴 수 없는 수많은 세월 동안
이야기하더라도, 다 이야기할 수 있는 것이 아니
다.

그 부처님의 국토는 순수하고 맑고 깨끗하여 거
기에는 어떤 오염된 욕심도 없고 여인이란 개념
조차도 없으며 삼악도의 고통으로 괴로워하는
소리도 없다. 땅은 맑고 투명한 유리로 되어 있
고 성문이나 궁전, 모든 행랑, 창문, 부처님의 전
각을 장엄하는 장식품이 모두 칠보로 이루어져
공덕으로 장엄한 서방의 극락세계와 같다.

於彼國中　有二菩薩[1]　一名日光遍
어 피 국 중　유 이 보 살　일 명 일 광 변

照 二名月光遍照 於彼無量 菩薩衆
조 이 명 월 광 변 조 어 피 무 량 보 살 중

中　而為上首　能持彼佛　正法寶藏
중　이 위 상 수　능 지 피 불　정 법 보 장

是故　曼殊室利　若有淨信　男子女
시 고　만 수 실 리　약 유 정 신　남 자 여

人　應當願生　彼佛世界。
인　응 당 원 생　피 불 세 계

復次　曼殊室利　若有衆生　不識善
부 차　만 수 실 리　약 유 중 생　불 식 선

惡　惟懷貪惜　不知惠施　及施果報
악　유 회 탐 석　부 지 혜 시　급 시 과 보

愚癡少智　無有信心　多畜珍財
우 치 소 지　무 유 신 심　다 축 진 재

勤勞守護　見乞者來　心生不喜。
근 로 수 호　견 걸 자 래　심 생 불 희

---

1. 일광변조보살과 월광변조보살은 약사여래를 좌우에서 모시는 보처보살이다. 약사전에는 약사여래
   와 일광보살, 월광보살이 모셔져 있다.

그 국토에는 '밝은 햇살 지혜 보살[日光遍照]'과 '환한 달빛 지혜 보살[月光遍照]'이 있는데 헤아릴 수 없이 많은 보살 가운데 으뜸으로 부처님의 진실한 가르침을 지니고 있다.

이 때문에 문수보살이여, 깨끗한 믿음을 지닌 선남자 선여인은 그 부처님의 세계에 태어나기를 원해야 한다.

또 문수보살이여, 중생들이 선악을 분별하지 못해 인색하고 탐욕이 가득하기에 은혜를 베풂으로써 오는 멋있는 세상을 알지 못한다. 어리석고 믿음이 없어 재물만 모으고 그것을 지키려고 애를 쓰며, 도움을 요청하는 사람을 보면 기뻐하지 않는다.

設不獲已 行惠施時 如割身肉 深
설불획이 행혜시시 여할신육 심

生吝惜。復有無量 慳貪有情 積集
생인석 부유무량 간탐유정 적집

資財 然於自身 尚不能用 況當供
자재 연어자신 상불능용 황당공

給 父母妻子 奴婢仆使 及來乞者。
급 부모처자 노비부사 급래걸자

彼諸有情 從此命終 生餓鬼中 或
피제유정 종차명종 생아귀중 혹

傍生趣。
방생취

由昔人間 曾聞藥師琉璃光如來名
유석인간 증문약사유리광여래명

故 雖在惡趣 還得憶念 彼如來名
고 수재악취 환득억념 피여래명

卽於彼沒 生在人中 得宿命念
즉어피몰 생재인중 득숙명념

畏惡趣苦 不樂欲樂。
외악취고 불요욕락

136

설사 마지못해 은혜를 베풀 때도 자신의 살점을 떼어 내는 것처럼 못내 아까워한다.

또 그지없이 탐욕이 많아 재물을 쌓아 놓고 자신도 아까워서 쓰지 못하는데 하물며 부모, 처자, 아랫사람, 도움을 청하는 사람들에게 베풀어 줄 수가 있겠느냐.

이 중생은 죽은 뒤에 아귀나 축생으로 태어난다.

하지만 전생에 약사유리광여래 부처님의 명호를 들은 인연이 있어 삼악도에 떨어지더라도 이 부처님의 명호를 기억하면, 곧 그 자리에서 사람으로 태어나 '전생을 아는 지혜'를 얻는다.

그리하여 삼악도의 고통을 두려워하며 욕망의 쾌락을 즐거워하지 않는다.

好行惠施 讚歎施者 所有財物 無
호행혜시 찬탄시자 소유재물 무

慳吝心。 漸次尚能 以頭目手足血
간린심 점차상능 이두목수족혈

肉身分 施來求者 況餘財物。
육신분 시래구자 황여재물

復次 曼殊室利 若復有人 歸依世
부차 만수실리 약부유인 귀의세

尊 受諸學處 而破壞戒威儀 及壞
존 수제학처 이파괴계위의 급괴

正見 設有持戒正見 不求多聞 於
정견 설유지계정견 불구다문 어

佛所說契經深義 不能瞭解 雖有多
불소설계경심의 불능요해 수유다

聞 而懷矯慢 由慢心故 自是非他
문 이회교만 유만심고 자시비타

嫌謗正法 為魔伴黨。
혐방정법 위마반당

138

남에게 은혜를 베풀기 좋아하고 보시하는 사람을 찬탄하며 재산을 아끼려는 인색한 마음이 없게 된다. 시나브로 자신의 머리나 눈, 손, 발, 피, 살, 몸조차 나누어 필요한 사람에게 베풀 것인데, 하물며 가지고 있는 재물이야 더 말할 필요가 있겠느냐.

또 문수보살이여,

어떤 사람은 세존께 귀의하여 공부하다가 부처님의 아름다운 삶을 이루는 계율과 바른 견해를 지키지 못하기도 하며 혹은 계율과 바른 견해를 지니고 있더라도 법문을 많이 듣지 않아 부처님이 말씀하신 깊은 뜻을 알 수가 없으며, 법문을 많이 듣더라도 교만한 마음 때문에 자기만 옳고 남은 그르다고 집착하여 바른 법을 비방하고 마구니와 한편이 된다.

如是愚人 自行邪見 復令無量百千
여 시 우 인 자 행 사 견 부 령 무 량 백 천

俱胝有情 墮大險坑 此諸有情 墮
구 지 유 정 타 대 험 갱 차 제 유 정 타

於地獄 傍生鬼趣 若曾聞此藥師琉
어 지 옥 방 생 귀 취 약 증 문 차 약 사 유

璃光如來名號 由彼如來 本願威力
리 광 여 래 명 호 유 피 여 래 본 원 위 력

於地獄中 憶佛名號 從彼命盡 還
어 지 옥 중 억 불 명 호 종 피 명 진 환

生人間。正見精進 意樂調善 捨俗
생 인 간 정 견 정 진 의 요 조 선 사 속

出家 於佛法中 受持學處 無有毀
출 가 어 불 법 중 수 지 학 처 무 유 훼

犯 正見多聞 解甚深義 離於矯慢
범 정 견 다 문 해 심 심 의 이 어 교 만

不謗正法 不為魔伴 漸次修行 諸
불 방 정 법 불 위 마 반 점 차 수 행 제

菩薩行 乃至菩提。
보 살 행 내 지 보 리

이와 같이 어리석은 사람은 삿된 견해로 헤아릴 수 없이 많은 중생을 험난한 구렁텅이에 빠뜨리는데 이런 중생이 지옥, 아귀, 축생 삼악도에 떨어지더라도, 일찍이 '약사유리광여래 부처님'의 명호를 들은 적이 있다면, 그 부처님 본원력의 위엄과 신통의 힘으로 말미암아 지옥에서도 부처님의 명호를 기억하게 되며, 지옥의 목숨이 다한 뒤에는 그 자리에서 사람으로 태어난다.

그리하여 바른 견해로 쉬지 않고 정진하며 즐거운 마음으로 좋은 일을 해나간다. 세속의 욕망을 버리고 출가하며 부처님의 법 가운데 수행을 하고 계율을 범하지 않는다. 올바른 견해로 법문을 많이 듣고 깊은 뜻을 알며 교만한 마음이 없기에 바른 법을 비방하지 않으니 마구니와 한편이 되지 않는다. 시나브로 온갖 보살행을 닦아나가며 부처님의 세상을 얻게 된다.

復次 曼殊室利 若諸有情 慳貪嫉
부차 만수실리 약제유정 간탐질

妒 造諸惡業 自讚毁他 命終當墮
투 조제악업 자찬훼타 명종당타

三惡趣中 無量千歲 受諸劇苦。
삼악취중 무량천세 수제극고

從彼終已 來生人間 或作牛馬
종피종이 내생인간 혹작우마

駝驢之屬 恒被鞭撻 饑渴纏心
타려지속 항피편달 기갈전심

身常負重 困苦疲極 若得為人
신상부중 곤고피극 약득위인

生居下賤 奴婢仆使 被他驅役
생거하천 노비부사 피타구역

恒不自在。
항부자재

142

또 문수보살이여, 어떤 중생이 탐욕, 인색, 질투 등 온갖 나쁜 마음으로 악업을 저지르며 자신을 내세우길 좋아하고 남을 해친다면 죽은 뒤 삼악도에 떨어져 헤아릴 수 없이 많은 세월에 걸쳐 극심한 고통을 받아야 한다.

그곳에서 수명이 다하면 사람으로 태어나거나 혹은 소, 말, 낙타, 노새와 같은 짐승이 되어 항상 채찍질을 당하고 굶주리며 무거운 짐을 실어 나르는 극심한 고통을 받아야 한다. 설령 사람이 되더라도 노비와 같은 천한 태생이 되어 남의 밑에서 힘든 일이나 하며 늘 자유롭지 못하다.

由昔人中 曾聞藥師琉璃光如來名
유석인중 증문약사유리광여래명

號 彼善根力 今復憶念 至心歸依
호 피선근력 금부억념 지심귀의

以佛神力 衆苦解脫 諸根聰利 智慧
이불신력 중고해탈 제근총리 지혜

多聞 恒求勝法。常遇善友 永斷魔
다문 항구승법 상우선우 영단마

胃 破無明殼 竭煩惱河 解脫一切
견 파무명각 갈번뇌하 해탈일체

生老病死 憂悲苦惱 乃至菩提。
생로병사 우비고뇌 내지보리

復次 曼殊室利 若諸有情 好喜乖
부차 만수실리 약제유정 호희괴

離 更相鬪訟 惱亂自他 以身語意
리 갱상투송 뇌란자타 이신어의

造諸惡業 展轉常為 不饒益事 互
조제악업 전전상위 불요익사 호

相謀害。
상 모 해

하지만 전생에 '약사유리광여래 부처님'의 명호를 들어 그 선근으로 지금 그 명호를 기억하고 지극한 마음으로 귀의하면, 부처님의 위엄과 신통으로 온갖 고난에서 벗어난다. 또한 총명하고 슬기로워 많은 법문을 듣고 항상 뛰어난 법을 구한다. 늘 좋은 도반을 만나 영원히 온갖 마구니의 올가미를 끊어내니, 업이 두터운 무명을 타파하고 강물처럼 흐르는 번뇌를 다 없애어 생로병사와 시름, 슬픔, 고뇌를 벗어나 부처님의 세상을 얻게 된다.

또 문수보살이여,
어떤 중생은 어긋난 짓을 좋아하며 서로 다투어 재판을 걸고 자신과 남을 괴롭히며 몸과 입과 뜻으로 온갖 악업을 저지르고 늘 이롭지 못한 일만 벌려 서로 해치고 모함하기를 좋아한다.

告召山林　樹塚等神　殺諸衆生
고 소 산 림　수 총 등 신　살 제 중 생

取其血肉　祭祀藥叉　羅刹神等
취 기 혈 육　제 사 야 차　나 찰 신 등

書怨人名　或作形像　以惡咒術
서 원 인 명　혹 작 형 상　이 악 주 술

而咒詛之　厭魅蠱道　咒起死屍
이 주 저 지　염 매 고 도　주 기 사 시

令斷彼命　及壞其身。
영 단 피 명　급 괴 기 신

是諸有情
시 제 유 정

若得聞此藥師琉璃光如來名號
약 득 문 차 약 사 유 리 광 여 래 명 호

彼諸惡緣　悉不能害　一切展轉
피 제 악 연　실 불 능 해　일 체 전 전

皆起慈悲　利益安樂　無損惱意
개 기 자 비　이 익 안 락　무 손 뇌 의

及嫌恨心　於自所有　常生喜足。
급 혐 한 심　어 자 소 유　상 생 희 족

산, 숲, 나무, 무덤에 붙어 있는 귀신에게 고사를 지내기도 하고 살아 있는 뭇 생명을 죽여 그 피와 살로 야차나 나찰에게 제사를 지내기도 한다. 원수의 이름을 쓰거나 형상을 만들어 흉악한 주술로 저주하여 가위 눌리게 하거나 귀신에게 빌어 정신을 잃게 하며, 시체를 일으켜 다른 사람들의 생명을 빼앗거나 몸을 상하게 한다.

이 중생들이 만약 '약사유리광여래 부처님'의 명호를 듣게 된다면 온갖 악연이 오더라도 다른 사람을 해치지 않고 모든 일에 자비심을 일으킬 것이다. 서로 이롭고 안락하게 하여 해칠 뜻과 싫어하는 마음이 없으니, 자신이 가진 모든 것에 마냥 기쁘고 만족할 것이다.

復次 曼殊室利 若有四衆 比丘比
부차 만수실리 약유사중 비구비

丘尼 近事男近事女 及餘淨信 男
구니 근사남근사녀 급여정신 남

子女人 若能受持 八支齋戒 或經
자여인 약능수지 팔지재계 혹경

一年 或復三月
일년 혹부삼월

受持學處 以此善根
수지학처 이차선근

願生西方 極樂世界 見無量壽佛。
원생서방 극락세계 견무량수불

若聞 藥師琉璃光 如來名號
약문 약사유리광 여래명호

臨命終時 有八菩薩 乘神通來
임명종시 유팔보살 승신통래

示其去處 卽於彼界 種種雜色
시기거처 즉어피계 종종잡색

衆寶華中 自然化生。
중보화중 자연화생

148

또 문수보살이여,

비구, 비구니, 사미, 사미니, 깨끗한 믿음을 지닌 선남자 선여인이 팔관재계를 받아 지녀 석 달이나 일 년 동안 수행한다면,

수행하는 그 자리에서 좋은 마음이 쌓인 힘으로 서방의 극락세계에 태어나 영원한 빛 영원한 생명인 무량수불을 만날 수 있다.

만약 임종할 때 약사유리광여래 부처님의 명호를 들었다면, 극락으로 인도하는 여덟 명의 보살이 신통으로 몸을 나타내어 갈 곳을 보여주리니 곧 극락세계 온갖 빛깔의 보배 연꽃 속에 저절로 태어날 것이다.

或有因此 生於天上 雖生天中 而
혹 유 인 차　생 어 천 상　수 생 천 중　이

昔善根 亦不窮盡 不復更生 諸餘
석 선 근　역 불 궁 진　불 부 갱 생　제 여

惡趣。天上壽盡 還生人間 或爲輪
악 취　천 상 수 진　환 생 인 간　혹 위 윤

王[1] 統攝四洲 威德自在 勸化無量
왕　통 섭 사 주　위 덕 자 재　권 화 무 량

百千有情 於十善道 令其修習。
백 천 유 정　어 십 선 도　영 기 수 습

或生刹帝利 婆羅門 居士 貴族
혹 생 찰 제 리　바 라 문　거 사　귀 족

多饒財寶 倉庫盈溢 形相端嚴
다 요 재 보　창 고 영 일　형 상 단 엄

眷屬隆盛。
권 속 융 성

聰明智慧 勇健盛猛 有大身力。
총 명 지 혜　용 건 성 맹　유 대 신 력

---

1. '윤왕輪王'은 전륜성왕이니 수미산 동서남북에 있는 모든 대륙의 세계를 통솔하는 대왕이다. 이 왕은 부처님의 모습을 닮았고 왕에 즉위할 때는 하늘로부터 보배로 치장된 마차를 받아 타고 다니므로 '전륜왕轉輪王'이라 부르고, 공중으로 날아다니기 때문에 '비행황제飛行皇帝'라고도 한다.

혹은 이러한 인연으로 천상에 나기도 하니, 천상에 태어나더라도 예전의 선근이 또한 다 없어지지 않기에 다시 삼악도에 태어나지 않을 것이다.

천상의 수명이 다하여 다시 사람으로 태어나더라도 전륜성왕이 되어 천하를 호령할 것이다. 그 위엄과 덕이 자재하여 헤아릴 수 없이 많은 백천만 중생들을 교화하여 열 가지 좋은 길을 닦아 익히게 할 것이다.

또는 찰제리[1]나 바라문, 거사, 귀족으로 태어나 보물이 곳간에 가득하고 생김새가 단정하며 권속이 번창할 것이다. 총명하며 슬기롭고 건장하며 용맹하여 위대한 힘이 있을 것이다.

---

1. 찰제리는 크샤트리아와 같은 말로 인도 카스트 제도에서 두 번째 지위인 왕족과 무사 계급이다. 카스트에 따른 인도인의 신분은 브라만(승려), 크샤트리아(왕이나 귀족), 바이샤(상인), 수드라(일반백성 및 천민) 등 4개로 구분되며 최하층인 수드라에도 속하지 못하는 불가촉천민이 있다.

若是女人 得聞藥師琉璃光如來名
약 시 여 인　득 문 약 사 유 리 광 여 래 명

號 至心受持 於後不復更受女身。
호　지 심 수 지　어 후 불 부 갱 수 여 신

復次 曼殊室利 彼藥師琉璃光如來
부 차　만 수 실 리　피 약 사 유 리 광 여 래

得菩提時 由本願力 觀諸有情 遇眾
득 보 리 시　유 본 원 력　관 제 유 정　우 중

病苦 瘦瘧幹消 黃熱等病 或被魘魅
병 고　수 학 간 소　황 열 등 병　혹 피 염 매

蠱道所中 或復短命 或時橫死 欲令
고 도 소 중　혹 부 단 명　혹 시 횡 사　욕 령

是等消除 所求願滿。
시 등 소 제　소 구 원 만

時彼世尊 入三摩地 名曰 滅除一切
시 피 세 존　입 삼 마 지　명 왈　멸 제 일 체

眾生苦惱。既入定已 於肉髻中　出
중 생 고 뇌　기 입 정 이　어 육 계 중　출

大光明 光中演說 大陀羅尼咒曰
대 광 명　광 중 연 설　대 다 라 니 주 왈

또한 여인들이 약사유리광여래 부처님의 명호를 듣고 지극정성 그 명호를 받아 지녔다면, 뒷날 다시는 여인의 몸을 받지 않게 될 것이다.

또 문수보살이여, 약사유리광여래 부처님께서 깨달음을 얻었을 때, 어떤 중생이 온갖 병고를 만나서 시름시름 마르는 병, 학질, 갈증, 풍토병이나 혹은 가위눌림이나 귀신의 나쁜 기운에 휘말려 단명하거나 횡사할 경우, 약사여래 본원력의 힘으로 이들의 병고가 없어져 원하는 대로 소원이 이루어질 것이다.

그때 '약사유리광여래 부처님'께서 선정에 드니 이 선정의 이름을 '모든 중생의 고뇌를 없애는 선정'이라고 하였다. 여래께서 이 선정에 들어 머리 위에서 큰 광명을 내시고 그 속에서 '대다라니' 주문을 설하셨다.

약사유리광여래 다라니

나모바가발제 비살구사로 폐루리발라바 갈라
사야 달타아다야 아라헐제 삼먁삼발타야 달질
타옴 비살서 비살서 비살사 삼몰아제 사바하.

약사유리광여래 다라니

나모바가발제 비살구사로 페루리발라바 갈라
사야 달타아다야 아라헐제 삼먁삼발타야 달질
타옴 비살서 비살서 비살사 삼몰아제 사바하.

爾時光中 說此咒已
이 시 광 중　설 차 주 이

大地震動 放大光明
대 지 진 동　방 대 광 명

一切衆生 病苦皆除 受安隱樂。
일 체 중 생　병 고 개 제　수 안 은 락

曼殊室利 若見男子女人 有病苦者
만 수 실 리　약 견 남 자 여 인　유 병 고 자

應當一心 爲彼病人 淸淨澡漱
응 당 일 심　위 피 병 인　청 정 조 수

或食或藥 或無蟲水 咒一百八遍
혹 식 혹 약　혹 무 충 수　주 일 백 팔 편

與彼服食 所有病苦 悉皆消滅。
여 피 복 식　소 유 병 고　실 개 소 멸

광명 속에서 이 대다라니 주문을 설할 때 대지가 흔들리고 큰 빛이 뻗어 나와 중생의 온갖 병고가 남김없이 사라지니 중생들이 편안하고 즐거웠다.

문수보살이여,

병고에 시달리는 사람을 보았다면 지극한 마음으로 그 병자를 위하여 목욕재계하고 음식이나 약 또는 깨끗한 물을 향하여 이 신주를 108번 외우고 나서 병자에게 그것을 먹인다면 모든 병고가 다 없어질 것이다.

若有所求 至心念誦
약 유 소 구 　 지 심 염 송

皆得如意 無病延年
개 득 여 의 　 무 병 연 년

命終之後 生彼世界
명 종 지 후 　 생 피 세 계

得不退轉 乃至菩提。
득 불 퇴 전 　 내 지 보 리

是故 曼殊室利 若有男子女人
시 고 　 만 수 실 리 　 약 유 남 자 여 인

於彼藥師琉璃光如來 至心慇重
어 피 약 사 유 리 광 여 래 　 지 심 은 중

恭敬供養者 常持此咒 勿令廢忘。
공 경 공 양 자 　 상 지 차 주 　 물 령 폐 망

또 구하는 바가 있어 지극한 마음으로 이 주문을 읽고 외우면 모든 것이 뜻대로 이루어지고 병이 없이 오래 살게 될 것이며, 임종한 뒤에는 그 부처님의 세계에 태어나 수행에서 물러남이 없이 끊임없이 정진하기에 부처님의 세상을 얻게 될 것이다.

이 때문에 문수보살이여,

만약 선남자 선여인으로서 저 약사유리광여래 부처님께 지극한 마음으로 정성껏 공경하고 공양하는 사람이 있다면, 이 사람은 언제나 이 대다라니 신주를 지녀 마음속에서 잊어버리는 일이 없어야 한다.

復次 曼殊室利 若有淨信 男子女
부차 만수실리 약유정신 남자여

人 得聞如上 七佛如來 應正等覺
인 득문여상 칠불여래 응정등각

所有名號 聞已誦持 晨嚼齒木 澡
소유명호 문이송지 신작치목 조

漱清淨 以諸香花 末香燒香塗香
수청정 이제향화 말향소향도향

作衆伎樂 供養形像。
작중기악 공양형상

於此經典 若自書 若教人書
어차경전 약자서 약교인서

一心受持 聽聞其義。
일심수지 청문기의

於彼法師 應修供養 一切所有
어피법사 응수공양 일체소유

資身之具 悉皆施與 勿令乏少。
자신지구 실개시여 물령핍소

160

9장. 일곱 분의 부처님에 대한 마음가짐

또 문수보살이여, 만약 깨끗한 믿음을 지닌 선남자 선여인이 위에서 말한 일곱 분의 부처님 명호를 모두 듣는다면, 이를 외워 지녀 새벽에 목욕 재계하고 온갖 향기로운 꽃과 가루 향, 사르는 향, 바르는 향, 노래와 춤으로 그 성스러운 부처님께 공양을 올려야 한다.

이 경전을 자신이 직접 사경하거나 또는 다른 사람이 사경한 것을 지극한 마음으로 받아 지녀 그 뜻을 알아들어야 한다.

이 경전을 설하는 법사에게 공양을 올리되 갖가지 살림살이를 다 제공하여 부족함이 없게 해야 한다.

如是便蒙 諸佛護念
여시변몽 제불호념

所求願滿 乃至菩提。
소구원만 내지보리

爾時 曼殊室利童子 白佛言
이시 만수실리동자 백불언

世尊 我於末法之時 誓以種種方便
세존 아어말법지시 서이종종방편

令諸淨信 男子女人 得聞 七佛如來
영제정신 남자여인 득문 칠불여래

名號 乃至睡中 亦以佛名 令其覺
명호 내지수중 역이불명 영기각

悟。世尊 若於此經 受持讀誦 或復
오 세존 약어차경 수지독송 혹부

為他演說開示 若自書 若教人書 恭
위타연설개시 약자서 약교인서 공

敬尊重 以種種華香塗香 末香燒香
경존중 이종종화향도향 말향소향

華蔓瓔珞 幡蓋伎樂 而為供養。
화만영락 번개기악 이위공양

이렇게 하면 바로 모든 부처님이 지키고 보호하여 바라는 대로 그 소원이 다 이루어지고 부처님의 세상을 얻게 될 것이다.

그때 문수보살이 부처님께 사뢰었다.

"세존이시여, 제가 말법시대에 맹세코 온갖 방편으로 깨끗한 믿음을 지닌 선남자 선여인이 일곱 분의 부처님 명호를 듣게 할 것이며 깊은 잠속에서도 부처님의 명호로써 깨어나도록 하겠습니다.

세존이시여, 이 경전을 받아 지녀 읽고 외워 다른 사람을 위하여 그 뜻을 일러 주며, 자신이나 다른 사람이 사경한 경전을 공경하며 존중하여 온갖 향기로운 꽃이나, 바르는 향, 가루 향, 사르는 향, 꽃목걸이, 옥구슬, 깃발, 양산, 노래와 춤으로 공양을 올리겠습니다.

以五色繪彩　而裹帙之　灑掃淨處
이 오 색 증 채　이 과 질 지　쇄 소 정 처

置高座上。是時　四大天王　與其眷
치 고 좌 상　시 시　사 대 천 왕　여 기 권

屬　乃與無量　百千天衆　皆詣其所
속　내 여 무 량　백 천 천 중　개 예 기 소

供養守護。世尊　若此經寶　流行之
공 양 수 호　세 존　약 차 경 보　유 행 지

處　及受持者　以彼七佛如來　本願
처　급 수 지 자　이 피 칠 불 여 래　본 원

功德　及聞名號　威神之力　當知是
공 덕　급 문 명 호　위 신 지 력　당 지 시

處　無復橫死。
처　무 부 횡 사

亦復不爲　諸惡鬼神　奪其精氣。
역 부 불 위　제 악 귀 신　탈 기 정 기

設已奪者　還得如故　身心安樂。
설 이 탈 자　환 득 여 고　신 심 안 락

佛告　曼殊室利
불 고　만 수 실 리

오색 비단 주머니에 이 경전을 싸서 깨끗한 장소에 있는 높은 자리에 모시겠습니다. 그러면 사대천왕과 그 권속 및 헤아릴 수 없이 많은 천신은 모두 그 장소로 나아가 공양을 올리며 이 경전을 지키고 보호할 것입니다.

세존이시여, 이 보배로운 경전이 유포된 곳이나 받아 지닌 사람이 있다면, 저 일곱 분 부처님 본디 원력의 공덕과 명호를 들은 위엄과 신통으로 다시는 횡사하는 일이 없을 것입니다.

또한 이 사람은 어떤 흉악한 귀신에게도 정기를 빼앗기지 않을 것입니다. 설사 이미 정기를 빼앗겼더라도 곧 회복하게 되므로 몸과 마음이 편안하고 즐거울 것입니다."

부처님께서 문수보살에게 말씀하셨다.

如是如是　如汝所說。曼殊室利
여 시 여 시　여 여 소 설　만 수 실 리

若有淨信　男子女人　欲供養彼
약 유 정 신　남 자 여 인　욕 공 양 피

七佛如來者　應先敬造　七佛形像。
칠 불 여 래 자　응 선 경 조　칠 불 형 상

安在清淨　上妙之座　散花燒香。
안 재 청 정　상 묘 지 좌　산 화 소 향

以諸幢幡[1]　莊嚴其處　七日七夜
이 제 당 번　장 엄 기 처　칠 일 칠 야

受八戒齋　食清淨食。澡浴身體
수 팔 계 재　식 청 정 식　조 욕 신 체

著新淨衣　心無垢濁　亦無恚害。
착 신 정 의　심 무 구 탁　역 무 에 해

於諸有情　常起利樂
어 제 유 정　상 기 이 락

慈悲喜捨　平等之心。
자 비 희 사　평 등 지 심

鼓樂弦歌　稱讚功德　右繞佛像。
고 악 현 가　칭 찬 공 덕　우 요 불 상

---

1. 당번幢幡은 불전佛殿을 장엄하는 깃발이다.

"그대가 말한 바대로 모두가 맞는 말이다. 문수 보살이여, 만약 깨끗한 믿음을 지닌 선남자 선여 인이 일곱 분 부처님께 공양을 올리고자 하면,

먼저 일곱 분 부처님의 성스러운 모습을 정성껏 조성하여야 한다. 그리고 맑고 깨끗하며 좋은 자 리에 편안히 모셔 놓고 꽃을 뿌리며 향을 사르어 야 한다. 온갖 깃발로 그곳을 장엄하고 7일 낮 7일 밤 팔관재계를 지녀 청정한 음식을 먹어야 한다. 깨끗하게 목욕하고 정갈한 새 옷을 입으며 번뇌와 성내는 마음이 없어야 한다.

언제나 모든 중생을 이롭고 안락하게 하며 자비 희사의 평등한 마음을 일으켜야 한다. 북을 두들 기고 악기를 연주하는 춤과 노래로 부처님의 공 덕을 찬탄하고 존경하는 마음으로 성스러운 부 처님의 오른쪽으로 돌며 받들어 모셔야 한다.

念彼如來 所有本願 讀誦此經 思
염 피 여 래　소 유 본 원　독 송 차 경　사

惟其義 演說開示 隨其所願 求長
유 기 의　연 설 개 시　수 기 소 원　구 장

壽 得長壽 求富饒 得富饒 求官位
수　득 장 수　구 부 요　득 부 요　구 관 위

得官位 求男女 得男女 一切皆遂。
득 관 위　구 남 녀　득 남 녀　일 체 개 수

若復有人 忽得惡夢 見諸惡相 或
약 부 유 인　홀 득 악 몽　견 제 악 상　혹

怪鳥來集 或於其家 百怪出現 此
괴 조 래 집　혹 어 기 가　백 괴 출 현　차

人若以 上妙資具 恭敬供養 彼諸
인 약 이　상 묘 자 구　공 경 공 양　피 제

佛者 惡夢惡相 諸不吉祥 悉皆隱
불 자　악 몽 악 상　제 불 길 상　실 개 은

沒 不能為患。
몰　불 능 위 환

그 부처님의 온갖 본원력을 생각하며 이 경전을 읽고 외워가며 그 뜻을 깊이 되새기고 다른 사람에게도 일러 준다면, 그들이 원하는 대로 오래 살고 싶으면 오래 살고, 부자가 되고 싶으면 부자가 되며, 관직을 얻고자 하면 관직을 얻고, 아들딸을 낳고 싶으면 아들딸을 낳게 되어 모든 소원이 다 이루어지게 될 것이다.

또 어떤 사람이 악몽을 꾸면서 온갖 나쁜 형상을 보게 되거나, 혹은 흉물스런 새들이 모여들며 집 안에 온갖 요괴가 나타날 때, 이 사람이 좋은 공양물로 일곱 분의 부처님을 공경하고 공양을 올린다면, 악몽의 나쁜 형상과 상서롭지 못한 일이 다 사라져 근심거리가 되지 않게 될 것이다.

或有水火刀毒 懸崖險道 惡象師子
혹 유 수 화 도 독 현 애 험 도 악 상 사 자

虎狼熊羆 蛇蠍蜈蚣 如是等怖 若
호 랑 웅 비 사 헐 오 공 여 시 등 포 약

能至心 憶念彼佛 恭敬供養 一切
능 지 심 억 념 피 불 공 경 공 양 일 체

怖畏 皆得解脫。若他國侵擾 盜賊
포 외 개 득 해 탈 약 타 국 침 요 도 적

反亂 憶念恭敬 彼如來者 所有怨
반 란 억 념 공 경 피 여 래 자 소 유 원

敵 悉皆退散。復次 曼殊室利 若有
적 실 개 퇴 산 부 차 만 수 실 리 약 유

淨信 男子女人等 乃至盡形 不事
정 신 남 자 여 인 등 내 지 진 형 불 사

餘天 惟當一心 歸佛法僧。受持禁
여 천 유 당 일 심 귀 불 법 승 수 지 금

戒 若五戒十 戒 菩薩二十四戒 比
계 약 오 계 십 계 보 살 이 십 사 계 비

丘二百五十戒 比丘尼五百戒。
구 이 백 오 십 계 비 구 니 오 백 계

또 수재와 화재, 칼, 독약, 높은 절벽, 험악한 길, 사나운 코끼리, 사자, 호랑이, 이리, 큰 곰, 독사와 전갈, 지네와 같은 것을 만난 공포 속에서도, 지극한 마음으로 부처님을 생각하고 공경하며 공양을 올린다면 모든 공포에서 다 벗어나게 될 것이다. 다른 나라의 침략이 있거나 도적의 반란이 있을 때에도 부처님을 생각하고 공양을 올린다면, 모든 원수와 적들이 다 흩어져 물러나게 될 것이다.

또 문수보살이여, 만약 깨끗한 믿음을 지닌 선남자 선여인이라면 목숨이 다할 때까지 다른 천신을 섬기지 않고 오직 지극한 마음으로 불법승 삼보에게 귀의하여야 한다. 계율을 받아 지니되, 오계, 십계, 보살의 이십사계, 비구의 이백오십계, 비구니의 오백계를 받아 지녀야 한다.

於諸戒中　或有毁犯　怖墮惡趣　若
어 제 계 중　혹 유 훼 범　포 타 악 취　약

能專念　彼佛名號　恭敬供養者　必
능 전 념　피 불 명 호　공 경 공 양 자　필

定不生　三惡趣中。　或有女人　臨當
정 불 생　삼 악 취 중　혹 유 여 인　임 당

產時　受於極苦　若能至心　稱名禮
산 시　수 어 극 고　약 능 지 심　칭 명 예

磕　恭敬供養　七佛如來　衆苦皆除
할　공 경 공 양　칠 불 여 래　중 고 개 제

所生之子　顏貌端正　見者歡喜。利
소 생 지 자　안 모 단 정　견 자 환 희　이

根聰明　少病安樂　無有非人　奪其
근 총 명　소 병 안 락　무 유 비 인　탈 기

精氣。爾時　世尊　告阿難言　如我稱
정 기　이 시　세 존　고 아 난 언　여 아 칭

揚　彼七如來　名號功德　此是諸佛
양　피 칠 여 래　명 호 공 덕　차 시 제 불

甚深境界難可了知　汝勿生疑。
심 심 경 계 난 가 요 지　여 물 생 의

혹은 계율을 범하여 악도에 떨어질까 두려울 때 부처님의 명호를 지극한 마음으로 생각하고 공경하며 공양을 올리는 사람은 결코 삼악도에 떨어지지 않을 것이다.

또 어떤 여인이 출산하며 극심한 고통에 시달릴 때, 지극한 마음으로 일곱 분 부처님 명호를 부르고 예찬 공경하며 공양을 올린다면, 온갖 고통이 다 사라지며 갓 태어난 아이의 얼굴이 단정하여 보는 사람이 기뻐하게 될 것이다. 이 아이는 지혜롭고 총명하며 병이 없고 안락하여 사람이 아닌 이상한 허깨비에 정기를 빼앗기는 일도 없을 것이다."

그때 세존께서 아난에게 말씀하셨다.

"내가 찬양한 일곱 분의 부처님 명호에서 나오는 공덕은 모든 부처님의 깊고 깊은 경계이므로 분명히 아는 것이 어렵겠지만 그대는 의심하지 말라."

阿難白言. 世尊 我於如來所說
아 난 백 언 세 존 아 어 여 래 소 설

契經深義 不生疑惑 所以者何.
계 경 심 의 불 생 의 혹 소 이 자 하

一切如來 身語意業 皆無虛妄.
일 체 여 래 신 어 의 업 개 무 허 망

世尊 此日月輪 可令墮落 妙高山
세 존 차 일 월 륜 가 령 타 락 묘 고 산

王 可使傾動 諸佛所言終無有異.
왕 가 사 경 동 제 불 소 언 종 무 유 이

世尊 然有衆生 信根不具 聞說諸
세 존 연 유 중 생 신 근 불 구 문 설 제

佛 甚深境界 作是思惟 云何但念
불 심 심 경 계 작 시 사 유 운 하 단 념

七佛名號 便獲爾所 功德勝利.
칠 불 명 호 변 획 이 소 공 덕 승 리

由此不信 便生誹謗
유 차 불 신 변 생 비 방

彼於長夜 失大利樂 墮諸惡趣.
피 어 장 야 실 대 이 락 타 제 악 취

아난이 사뢰었다.

"세존이시여, 저는 여래께서 말씀하신 깊은 이치를 의심하지 않으니 무엇 때문이겠습니까? 모든 여래께서는 몸과 말과 뜻으로 짓는 일에 모두 허망함이 없기 때문입니다. 세존이시여, 설사 해와 달을 떨어뜨릴 수 있고 수미산을 움직일 수 있더라도, 모든 부처님의 말씀은 끝내 달라질 것이 없습니다.

세존이시여, 그러나 중생들은 믿음을 아직 갖추고 있지 못하기에, 모든 부처님의 깊고 깊은 경계를 듣고서도 '어떻게 일곱 분의 부처님 명호만 지극정성 생각함에 그런 뛰어난 이익과 공덕을 가질 수 있단 말인가.'라고 의심하게 됩니다. 이런 불신으로 부처님의 법을 비방하니 그들은 깊은 암흑 속에서 큰 이익과 즐거움을 잃고 삼악도에 떨어지는 것입니다."

佛告阿難。
불 고 아 난

彼諸有情　若得耳聞　諸佛名號　墮
피 제 유 정　약 득 이 문　제 불 명 호　타

惡趣者　無有是處　唯除定業　不可
악 취 자　무 유 시 처　유 제 정 업　불 가

轉者。
전 자

阿難　此是諸佛　甚深境界　難可信
아 난　차 시 제 불　심 심 경 계　난 가 신

解　汝能信受　當知皆是如來威力。
해　여 능 신 수　당 지 개 시 여 래 위 력

阿難　一切聲聞　及獨覺等　皆不能
아 난　일 체 성 문　급 독 각 등　개 불 능

知。唯除一生　補處菩薩。阿難　人身
지　유 제 일 생　보 처 보 살　아 난　인 신

難得　於三寶中　信敬尊重亦難可得
난 득　어 삼 보 중　신 경 존 중 역 난 가 득

得聞七佛如來名號　復難於是。
득 문 칠 불 여 래 명 호　부 난 어 시

176

부처님께서 아난에게 말씀하셨다.

"중생이 일곱 분의 부처님 명호를 듣고도 삼악도에 떨어진다는 것은 옳지 않지만 다만 결정된 업보로서 바뀔 수 없는 것은 어쩔 수 없다.

아난아, 이는 모든 부처님의 깊고 깊은 경계로서 믿고 알기 어려운 것이지만, 그대가 믿고 받아들일 수 있다면 마땅히 이는 모두 여래의 위엄과 신통의 힘인 줄 알아야 한다.

아난아, 이는 성문이나 독각이 알 수 있는 바가 아니다. 오직 중생을 제도하기 위하여 원력으로 이 세상에 마지막으로 오게 되는 보처보살만이 알 수 있다.

아난아, 사람의 몸은 받기 어렵고 또한 삼보를 믿고 공경하며 존중하는 것도 어려운 일이지만, 일곱 분 부처님 명호를 듣는 것은 이보다 더 어렵다.

阿難
아 난

彼諸如來 無量菩薩行 無量巧方便
피 제 여 래　무 량 보 살 행　무 량 교 방 편

無量廣大願　如是行願　善巧方便
무 량 광 대 원　여 시 행 원　선 교 방 편

我若一劫　若過一劫　說不能盡。
아 약 일 겁　약 과 일 겁　설 불 능 진

爾時　衆中　有一菩薩摩訶薩
이 시　중 중　유 일 보 살 마 하 살

名曰救脫　卽從座起　偏袒右肩
명 왈 구 탈　즉 종 좌 기　편 단 우 견

右膝著地　合掌向佛　白言。
우 슬 착 지　합 장 향 불　백 언

178

아난아, 이 일곱 분 부처님의 헤아릴 수 없이 많은 보살행, 헤아릴 수 없이 많은 좋은 방편, 헤아릴 수 없이 많은 광대한 원력, 이와 같은 보살행과 원력에서 나오는 훌륭한 방편은 내가 헤아릴 수 없이 많은 세월에 걸쳐 이야기하더라도 다 말할 수 있는 것이 아니다."

그때 대중 가운데 '해탈한 보살님'이 자리에서 일어나 존경의 표시로 오른쪽 어깨를 드러내며 오른쪽 무릎을 땅에 대고 두 손 모아 공손히 부처님께 사뢰었다.

世尊 於後來世 像法起時 若有眾
세존　어후내세　상법기시　약유중

生 為諸病苦 之所逼惱 身形羸瘦
생　위제병고　지소핍뇌　신형리수

不能飲食 喉脣乾燥 目視皆暗 死
불능음식　후순건조　목시개암　사

相現前 父母親屬 朋友知識 啼泣
상현전　부모친속　붕우지식　제읍

圍繞 身臥本處 見彼琰魔 法王之
위요　신와본처　견피염마　법왕지

使 引其神識[1] 將至王所。
사　인기신식　장지왕소

然諸有情 有俱生神 隨其所作 善
연제유정　유구생신　수기소작　선

惡之業悉皆記錄 授與彼王 王卽依
악지업실개기록　수여피왕　왕즉의

法問其所作 隨彼罪福 而處斷之。
법문기소작　수피죄복　이처단지

---

1. 윤회의 주체, 곧 육체는 소멸해도 사라지지 않고 다음 생으로 윤회하는 마음을 신식神識 혹은 식신識神이라고 한다. 이를 어떤 관점에서 보느냐에 따라 영가, 중음신, 중유신, 영혼이라 말하기도 한다. '신식神識'이란 의미는 이런 마음이 신령스럽고 오묘하며 불가사의하기 때문에 붙인 개념이다. 여기서는 영가라고 번역하였다.

180

"세존이시여, 뒷날 오는 세상인 부처님의 모습과 법의 형상만 남아 있는 상법像法 시대에 어떤 사람이 갖은 병고에 시달려 몸이 야위고 음식을 먹지 못하며 목구멍과 입술이 마르고 눈이 어두워 곧 죽을 지경이 되면,

그 사람은 병석에 누워 슬피 우는 부모나 친척, 친구들과 아는 사람들에게 둘러싸인 채 염라대왕이 보낸 저승사자가 그의 영가를 염라대왕이 있는 곳으로 데리고 가는 것을 보게 됩니다.

모든 사람은 태어날 때 신령스러운 알음알이를 지니고 있으므로 그동안 살아오면서 했던 좋고 나쁜 온갖 일이 빠짐없이 기록되어 있습니다. 이를 염라대왕에게 바치면, 염라대왕은 법에 따라서 그가 지은 좋고 나쁜 일에 따라 지옥에 가게 하거나 천상에 갈 복을 주게 됩니다."

是時 病人 親屬知識 若能為彼
시 시 병 인 친 속 지 식 약 능 위 피

歸依諸佛 種種莊嚴 如法供養
귀 의 제 불 종 종 장 엄 여 법 공 양

而彼神識 或經七日 或二七日
이 피 신 식 혹 경 칠 일 혹 이 칠 일

乃至七七日 如從夢覺 復本精神
내 지 칠 칠 일 여 종 몽 각 부 본 정 신

皆自憶知 善不善業 所得果報。
개 자 억 지 선 불 선 업 소 득 과 보

由自證見 業報不虛
유 자 증 견 업 보 불 허

乃至命難 亦不造惡。
내 지 명 난 역 부 조 악

是故淨信 男子女人 皆應受持
시 고 정 신 남 자 여 인 개 응 수 지

七佛名號 隨力所能 恭敬供養。
칠 불 명 호 수 력 소 능 공 경 공 양

"이때 병자의 부모나 친척과 아는 사람들이 그를 위하여 일곱 분의 부처님께 귀의하고 온갖 것으로 장엄하여 정성껏 공양을 올린다면, 음력 7일, 14일, 21일, 28일, 35일, 42일, 49일 중 어느 날 꿈에서 깬 것처럼 그의 신령스러운 알음알이가 본디 정신으로 돌아와 자신이 지은 착하고 착하지 못한 업에 따라 받게 되는 세상의 결과물을 저절로 기억하고 알게 됩니다.

업의 과보란 것이 결코 헛말이 아님을 자신이 분명히 보았기 때문에, 다음부터는 목숨을 부지하기 어려운 상황에서도 나쁜 짓을 절대 하지 않습니다.
이 때문에 깨끗한 믿음을 지닌 선남자 선여인은 모두 일곱 분의 부처님 명호를 받아 지녀야 하고, 자신이 할 수 있는 한 힘껏 그분들에게 공양을 올리면서 공경하는 것입니다."

爾時 阿難 問救脫菩薩 曰
이 시　아 난　문 구 탈 보 살　왈

善男子 恭敬供養 彼七如來
선 남 자　공 경 공 양　피 칠 여 래

其法云何 救脫菩薩言。
기 법 운 하　구 탈 보 살 언

大德 若有病人 及餘災厄
대 덕　약 유 병 인　급 여 재 액

欲令脫者 當為其人 七日七夜
욕 령 탈 자　당 위 기 인　칠 일 칠 야

持八戒齋 應以飲食 及餘資具
지 팔 계 재　응 이 음 식　급 여 자 구

隨其所有 供佛及僧。
수 기 소 유　공 불 급 승

晝夜六時 恭敬禮拜 七佛如來
주 야 육 시　공 경 예 배　칠 불 여 래

讀誦此經 四十九遍 然四十九燈。
독 송 차 경　사 십 구 편　연 사 십 구 등

10장. 일곱 분의 부처님께 공양을 올리며

그때 아난이 '중생을 구원하여 해탈시키는 보살[救脫]'에게 "보살님이시여, 일곱 분 부처님께 공양을 올리고 공경하는 법에는 어떤 것이 있습니까?"라고 물으니, '중생을 구원하여 해탈시키는 보살'이 말하였다.

"큰 덕망을 지니신 아난이시여! 만약 병들거나 재앙을 만난 사람을 구제하려 한다면, 마땅히 그 사람을 위하여 7일 낮 7일 밤 동안 팔관재계를 지키면서 음식이나 갖가지 공양물을 가진 만큼 정성껏 부처님과 스님들께 공양을 올리셔야 합니다. 밤낮으로 시간을 정하여 여섯 차례 일곱 분 부처님께 공손히 예배를 올리면서, 이 경전을 마흔아홉 번을 읽고 외우면서 마흔아홉 개의 등불을 켜놓아야 합니다."

造彼如來 形象七軀 一一像前 各
조 피 여 래　형 상 칠 구　일 일 상 전　각

置七燈 其七燈狀。圓若車輪 乃至
치 칠 등　기 칠 등 상　원 약 거 륜　내 지

四十九夜 光明不絕。造雜彩幡 四
사 십 구 야　광 명 부 절　조 잡 채 번　사

十九首 並一長幡 四十九尺 放四
십 구 수　병 일 장 번　사 십 구 척　방 사

十九生。如是卽能 離災厄難 不爲
십 구 생　여 시 즉 능　이 재 액 난　불 위

諸橫 惡鬼所持。
제 횡　악 귀 소 지

大德 阿難 是爲供養 如來法式。若
대 덕　아 난　시 위 공 양　여 래 법 식　약

有於此 七佛之中
유 어 차　칠 불 지 중

隨其一佛 稱名供養者
수 기 일 불　칭 명 공 양 자

皆得如是 無量功德 所求願滿
개 득 여 시　무 량 공 덕　소 구 원 만

"일곱 분 부처님의 성스러운 모습을 조성하고, 한 분 한 분 앞에도 일곱 개의 등불을 켜 놓아야 합니다. 일곱 등불의 모양은 수레바퀴처럼 둥그렇게 하고, 49일째 밤이 되는 날까지 그 불빛이 꺼지지 않게 해야 합니다. 갖가지 곱고 아름다운 비단으로 깃발 마흔아홉 폭을 만들되 한 폭의 길이가 마흔아홉 척이 되게 하고 마흔아홉의 생명을 방생하여야 합니다. 이처럼 하면 곧 온갖 재앙을 벗어나기에 횡사를 당하거나 귀신에게 홀리지 않을 것입니다.

큰 덕망을 지니신 아난이시여, 이것이 일곱 분 부처님께 공양을 올리는 법식입니다. 비록 일곱 분 부처님 가운데 한 분의 명호만 불러 공양을 올리더라도, 이들 모두는 이와 같은 헤아릴 수 없는 공덕을 얻어서 바라는 대로 소원을 다 성취할 것인데,

何況盡能 具足供養。
하 황 진 능 구 족 공 양

復次 大德 阿難 若刹帝利 灌頂
부 차 대 덕 아 난 약 찰 제 리 관 정

王¹等 災難起時 所謂 人眾疾疫難
왕 등 재 난 기 시 소 위 인 중 질 역 난

他國侵逼難 自界叛逆難 星宿變怪
타 국 침 핍 난 자 계 반 역 난 성 숙 변 괴

難 日月薄蝕難 非時風雨難 過時
난 일 월 박 식 난 비 시 풍 우 난 과 시

不雨難。彼刹帝利 灌頂王等 爾時
불 우 난 피 찰 제 리 관 정 왕 등 이 시

當於一切有情 起慈悲心 放大恩赦
당 어 일 체 유 정 기 자 비 심 방 대 은 사

脫諸幽厄 苦惱眾生 如前法式 供
탈 제 유 액 고 뇌 중 생 여 전 법 식 공

養諸佛。
양 제 불

---

1. 인도에서 임금의 즉위식이나 입태자식을 할 때 머리 정수리에 바닷물을 붓는 것을 관정灌頂이라
   하고, 그렇게 해서 된 임금을 관정왕이라 한다.

하물며 일곱 분 부처님께 모든 것을 다 갖추어 법식대로 공양을 올리는 데에서야 더 말할 필요가 있겠습니까.”

“또 큰 덕망을 지니신 아난이시여!
사회를 이끄는 지도층 계급이나 왕도 전염병이나 변방의 침략, 반란, 별자리 괴변, 햇빛과 달빛이 사라지는 재난, 별안간 닥치는 폭풍우나 때가 지나도 비가 오지 않는 가뭄과 같은 엄청난 재난을 만날 수가 있습니다.

그때 귀족이나 임금은 모든 중생에게 자비심을 일으켜 은혜를 베풀고, 감옥에서 고생하는 사람을 풀어주며, 앞서 말한 법식대로 일곱 분의 부처님께 공양을 올려야 합니다.

由此善根　及彼如來　本願力故　令
유 차 선 근　급 피 여 래　본 원 력 고　영

其國界　卽得安穩　風雨順時　穀稼
기 국 계　즉 득 안 온　풍 우 순 시　곡 가

成熟　國內衆生　無病安樂　又無暴
성 숙　국 내 중 생　무 병 안 락　우 무 포

惡　藥叉等神　共相惱亂。一切惡相
악　야 차 등 신　공 상 뇌 란　일 체 악 상

悉皆隱沒　而刹帝利　灌頂王等　皆
실 개 은 몰　이 찰 제 리　관 정 왕 등　개

得增益　壽命色力　無病自在。
득 증 익　수 명 색 력　무 병 자 재

大德阿難　若帝後妃主　諸君王子
대 덕 아 난　약 제 후 비 주　제 군 왕 자

大臣輔相　宮中婇女　百官黎庶　為
대 신 보 상　궁 중 채 녀　백 관 려 서　위

病所苦　及餘厄難　亦應敬造　七佛
병 소 고　급 여 액 난　역 응 경 조　칠 불

形像　讀誦此經。
형 상　독 송 차 경

그리하여 마음을 잘 쓴 공덕과 일곱 부처님의 본디 원력으로 말미암아 나라가 평온하고 비바람은 순조로워 풍작이 되며 온 나라 백성은 병이 없어 안락해질 것입니다. 또 포악한 야차나 귀신도 중생의 마음을 어지럽게 하여 해치는 일이 없을 것입니다. 온갖 나쁜 징조들이 다 사라져 백성을 보살피고 사랑하는 지도층 계급이나 왕들의 수명이 모두 늘어나고 몸은 건강해져 병이 없이 자유자재하게 될 것입니다.

큰 덕망을 지니신 아난이시여! 만약 임금이나 왕후, 공주, 태자, 대신, 궁녀, 온갖 벼슬아치, 백성들이 병고와 재난에 시달릴 때는 일곱 분 부처님의 성스러운 모습을 경건한 마음으로 조성하여 모셔 놓고 이 경전을 읽고 외워야 합니다.

然燈造幡 放諸生命
연 등 조 번　방 제 생 명

至誠供養 燒香散花。
지 성 공 양　소 향 산 화

即得病苦消除 解脫衆難。
즉 득 병 고 소 제　해 탈 중 난

爾時 具壽[1]阿難 問救脫菩薩言
이 시　구 수 아 난　문 구 탈 보 살 언

善男子 云何已盡之命 而可增益。
선 남 자　운 하 이 진 지 명　이 가 증 익

救脫菩薩言 大德 仁豈不聞 如來
구 탈 보 살 언　대 덕　인 기 불 문　여 래

說有 九橫死耶。由是世尊 爲說呪
설 유　구 횡 사 야　유 시 세 존　위 설 주

藥 隨事救療 然燈造幡 修諸福業
약　수 사 구 료　연 등 조 번　수 제 복 업

以修福故 得延壽命。
이 수 복 고　득 연 수 명

---

1. '구수'는 산스크리트어 'āyuṣmat'를 번역한 말로 수행과 지혜가 뛰어난 수행자를 높여 일컫는
   말이다. 정명淨命, 장로長老, 장자長者, 존자尊者 등과 같은 말이다.

등불을 켜놓고 깃발을 만들어 장엄하며 뭇 생명을 방생하고 지성으로 공양을 올리면서 향을 사르고 꽃을 뿌려야 합니다. 그리하면 곧 모든 병고가 없어져 온갖 재난에서 벗어날 것입니다."

그때 비구 아난이 '중생을 구원하여 해탈시키는 보살'에게 "이미 수명이 다한 생명을 어떻게 더 늘릴 수 있다고 하십니까?"라고 물었다.

'중생을 구원하여 해탈시키는 보살'이 말하였다.

"큰 덕망을 지니신 분이시여! 그대는 부처님께서 말씀하신 아홉 가지 횡사를 어찌 듣지 못했단 말입니까. 이로 말미암아 세존께서는 주문이나 약을 사용하여 형편에 따라 치료하거나, 등불을 켜고 깃발을 만들어 온갖 복덕을 닦는 것으로 수명을 연장하는 것입니다."

阿難問言 九橫云何。
아 난 문 언 　 구 횡 운 하

一者 若諸有情 得病雖輕 然無醫
일 자 　 약 제 유 정 　 득 병 수 경 　 연 무 의

藥 及看病者 設復遇醫 不授其藥
약 　 급 간 병 자 　 설 부 우 의 　 불 수 기 약

實不應死 而便橫死 又信世間 邪
실 불 응 사 　 이 변 횡 사 　 우 신 세 간 　 사

魔外道 妖孽之師 妄說禍福 便生
마 외 도 　 요 얼 지 사 　 망 설 화 복 　 변 생

恐動 心不自正 卜問吉凶 殺諸眾
공 동 　 심 부 자 정 　 복 문 길 흉 　 살 제 중

生 求神解奏 呼召魍魎 請福祈恩
생 　 구 신 해 주 　 호 소 망 량 　 청 복 기 은

欲冀延年 終不能得 愚迷倒見
욕 기 연 년 　 종 불 능 득 　 우 미 도 견

遂令橫死 入於地獄 無有出期。
수 령 횡 사 　 입 어 지 옥 　 무 유 출 기

194

비구 아난이 "아홉 가지 횡사는 무엇을 말합니까?"라고 물으니, '중생을 구원하여 해탈시키는 보살'이 말하였다.

"첫 번째는 어떤 중생이 가벼운 병을 얻더라도 치료할 약이나 병을 돌봐주는 사람이 없어서, 혹은 의사를 만나도 약을 주지 않아 실로 죽어야 할 병이 아닌데도 횡사하는 것을 말합니다.

또 세간의 삿된 마구니 요사스러운 외도가 길흉화복을 지껄이는 것을 믿어,

겁에 질려 마음을 추스르지 못하고 점을 치거나 살아 있는 생명을 죽여 잡신에게 바쳐 잘되기를 빌고, 도깨비를 불러들여 복을 구하고 은총을 받아 수명을 늘리려고 하지만,

끝내 구하는 바를 얻지 못한 채 어리석고 잘못된 소견으로 횡사하여 지옥에 들어가 벗어날 기약이 없는 것입니다."

二者 橫爲王法之所誅戮。
이 자 횡 위 왕 법 지 소 주 륙

三者 畋獵嬉戱 耽淫嗜酒
삼 자 전 렵 희 희 탐 음 기 주

放逸無度 橫爲非人 奪其精氣。
방 일 무 도 횡 위 비 인 탈 기 정 기

四者 橫爲火焚。五者 橫爲水溺。
사 자 횡 위 화 분 오 자 횡 위 수 닉

六者 橫爲種種 惡獸所啖。
육 자 횡 위 종 종 악 수 소 담

七者 橫墮山崖。
칠 자 횡 타 산 애

八者 橫爲毒藥 魘禱咒詛
팔 자 횡 위 독 약 염 도 주 저

起屍鬼等之所中害。
기 시 귀 등 지 소 중 해

九者 饑渴所因
구 자 기 갈 소 인

不得飮食 而便橫死。
부 득 음 식 이 변 횡 사

196

"두 번째는 국법으로 억울하게 죽임을 당하는 횡사입니다.

세 번째는 짐승을 잡아 죽이는 일을 즐기고 색을 탐하며 술을 좋아하면서 방탕하여 절제된 생활을 하지 못하다가 사람이 아닌 요괴들에게 정기를 빼앗겨 횡사하는 것입니다.

네 번째는 불에 타 죽는 횡사입니다.

다섯 번째는 물에 빠져 죽는 횡사입니다.

여섯 번째는 온갖 사나운 짐승에게 잡아먹히는 횡사입니다.

일곱 번째는 높은 절벽에서 떨어져 죽는 횡사입니다.

여덟 번째는 독약이나 가위눌림, 저주, 시체가 일어나 놀라 까무러침으로 인하여 죽는 횡사입니다.

아홉 번째는 굶주리고 목마름에 시달려도 음식을 구하지 못하여 죽는 횡사입니다.

是爲如來 略說橫死 有此九種。
시 위 여 래　약 설 횡 사　유 차 구 종

其餘復有 無量諸橫 難可具說。
기 여 부 유　무 량 제 횡　난 가 구 설

復次阿難 彼琰魔王 簿錄世間
부 차 아 난　피 염 마 왕　부 록 세 간

所有名籍 若諸有情 不孝五逆
소 유 명 자　약 제 유 정　불 효 오 역

毀辱三寶 壞君臣法 破於禁戒。
훼 욕 삼 보　괴 군 신 법　파 어 금 계

琰魔法王 隨罪輕重 考而罰之。
염 마 법 왕　수 죄 경 중　고 이 벌 지

是故我今 勸諸有情 然燈造幡
시 고 아 금　권 제 유 정　연 등 조 번

放生修福 令度苦厄 不遭眾難。
방 생 수 복　영 도 고 액　부 조 중 난

198

이것이 부처님께서 간략하게 말씀하신 아홉 가지 횡사입니다. 그밖에 또 헤아릴 수 없이 많은 온갖 횡사가 있지만 다 갖추어 설명하기가 어렵습니다.

큰 덕망이 있으신 아난이시여! 염라대왕은 저승의 장부에 중생들이 효도하지 않고 용서받지 못할 죄를 저지른 죄, 삼보를 비방하고 욕을 한 죄, 임금과 신하의 법도를 무너뜨린 죄, 계율을 파괴한 죄 등 세간의 온갖 일을 기록하고 있습니다. 이것에 의하여 염라대왕은 가볍고 무거운 죄에 따라 형량을 밝히고 벌을 주는 것입니다.

이 때문에 제가 지금 중생에게 등불을 켜고 깃발을 만들며 죽을 생명을 살려주고 복을 닦도록 권하는 것은, 그들이 병고와 재앙을 벗어나 온갖 재난을 만나지 않게 하려는 것입니다."

爾時衆中 有十二藥叉大將 俱在會
이 시 중 중 유 십 이 야 차 대 장 구 재 회

坐 其名曰 宮毗羅大將 跋折羅大
좌 기 명 왈 궁 비 라 대 장 발 절 라 대

將 迷企羅大將 頞儞羅大將 末儞
장 미 기 라 대 장 알 이 라 대 장 말 이

羅大將 娑儞羅大將 因陀羅大將
라 대 장 사 이 라 대 장 인 다 라 대 장

婆夷羅大將 薄呼羅大將 眞達羅大
바 이 라 대 장 부 호 라 대 장 진 달 라 대

將 朱杜羅大將 毗羯羅大將。此十
장 주 두 라 대 장 비 갈 라 대 장 차 십

二藥叉大將 一一各有 七千藥叉
이 야 차 대 장 일 일 각 유 칠 천 야 차

以爲眷屬 同時擧聲 白佛言。世尊
이 위 권 속 동 시 거 성 백 불 언 세 존

我等今者 蒙佛威力 得聞七佛如來
아 등 금 자 몽 불 위 력 득 문 칠 불 여 래

名號 於諸惡趣 無復怖畏。
명 호 어 제 악 취 무 부 포 외

그때 대중 가운데 야차의 대장 열두 분이 함께 그 법회에 앉아 있었다. 그 이름은 궁비라, 발절라, 미기라, 알이라, 말이라, 사이라, 인다라, 바이라, 부호라, 진달라, 주두라, 비갈라 대장이었다.

이 열두 야차의 대장은 저마다 칠천 야차 권속을 거느리고 있었는데 이들이 동시에 소리 내어 부처님께 사뢰었다.

"세존이시여, 저희는 지금 부처님의 위엄과 신통의 힘으로 일곱 분의 부처님 명호를 듣고는 나쁜 세상 어디에서도 다시 두려워할 일이 없습니다.

我等相率 皆同一心 乃至盡形 歸
아 등 상 솔　개 동 일 심　내 지 진 형　귀

佛法僧。誓當荷負 一切有情 為作
불 법 승　서 당 하 부　일 체 유 정　위 작

義利 饒益安樂。隨於何處 城邑聚
의 리　요 익 안 락　수 어 하 처　성 읍 취

落 空閒林中 若有此經 流布讀誦
락　공 한 림 중　약 유 차 경　유 포 독 송

或復受持 七佛名號 恭敬供養者
혹 부 수 지　칠 불 명 호　공 경 공 양 자

我等眷屬 衛護是人 令脫衆難 所
아 등 권 속　위 호 시 인　영 탈 중 난　소

有願求 悉令滿足。
유 원 구　실 령 만 족

或有疾厄 求度脫者 亦應讀誦此經
혹 유 질 액　구 도 탈 자　역 응 독 송 차 경

以五色縷 結我名字 得如願已 然
이 오 색 루　결 아 명 자　득 여 원 이　연

後解結。
후 해 결

202

저희는 서로 돕고 서로 한마음이 되어 이 목숨이 다하도록 불법승 삼보에 귀의하옵니다. 맹세코 저희는 모든 중생들로 하여금 옳고도 이로운 일을 하게 하고 풍요로우면서도 안락한 삶을 살도록 하겠습니다.

도시나 시골, 깊은 숲속 어디든지 이 경전이 유포되어, 읽고 외운다거나 혹 일곱 분 부처님 명호를 받아 지녀 공경하며 공양 올리는 사람이 있다면, 저희 권속은 이분을 호위하고 모든 재난에서 벗어나게 하며 바라는 온갖 것이 모두 갖추어지도록 하겠습니다.

만일 병고나 재앙에서 벗어나고자 하는 사람이 있다면 이 경전을 독송하며 오색실로 저희들 야차의 이름을 매듭지어 놓고 그 소원이 이루어진 뒤에 그 매듭을 풀어야 할 것입니다."

爾時世尊 讚諸藥叉大將言
이 시 세 존　찬 제 야 차 대 장 언

善哉善哉 大藥叉將
선 재 선 재　대 야 차 장

汝等 念報七佛 如來恩德者
여 등　염 보 칠 불　여 래 은 덕 자

常應如是 利益安樂 一切有情。
상 응 여 시　이 익 안 락　일 체 유 정

爾時會中 有多天衆 智慧鮮少 作
이 시 회 중　유 다 천 중　지 혜 선 소　작

如是念 云何過是 殑伽河沙 諸佛
여 시 념　운 하 과 시　긍 가 하 사　제 불

世界 現在如來 暫聞名者 便獲無
세 계　현 재 여 래　잠 문 명 자　변 획 무

邊 殊勝功德。
변　수 승 공 덕

그때 부처님께서 야차대장 모두를 칭찬하며 말씀하셨다.

"착하고 착하도다. 야차의 대장들이여! 그대들이 일곱 분 부처님의 은덕에 보답하고자 한다면, 언제나 이와 같이 모든 중생에게 이익과 안락을 주어야 할 것이다."

그때 법회 대중 가운데 있던 지혜롭지 못한 많은 하늘 신들이 '갠지스강 모래알 수만큼의 모든 부처님 세계를 지나서 있는 사람들이 이 일곱 분의 부처님 명호를 잠깐 듣고 어떻게 바로 헤아릴 수 없이 많은 뛰어난 공덕을 얻을 수 있단 말인가.'라고 생각하였다.

爾時 釋迦牟尼如來 知諸天衆 心
이시 석가모니여래 지제천중 심

之所念 卽入驚召一 切如來甚深妙
지소념 즉입경소일 체여래심심묘

定。 纔入定已 一切三千 大千世界
정 재입정이 일체삼천 대천세계

六種震動 雨天妙花 及天香末。
육종진동 우천묘화 급천향말

彼七如來 見是相已 各從其國來至
피칠여래 견시상이 각종기국래지

索訶[1]世界 與釋迦如來 共相問
색가세계 여석가여래 공상문

訊。 時 佛世尊 由其先世 本願力故
신 시 불세존 유기선세 본원력고

各各自於 天寶莊嚴 師子座上 隨
각각자어 천보장엄 사자좌상 수

處安坐。
처안좌

---

1. 산스크리트 'Saha'에서 유래한 것으로, 음역하여 사하沙河, 색가索訶라 하는데 사바세계를 말한다.

그러자 석가모니 부처님께서 하늘 신들이 생각하는 바를 알고 곧 '모든 여래를 일깨워 불러들이는 깊고 깊은 오묘한 선정'에 드셨다.

선정에 들자마자 모든 삼천대천세계가 여섯 가지 모습으로 흔들리고 천상의 신묘한 꽃과 향가루가 비 오듯이 쏟아졌다.

그때 일곱 분의 부처님께서 이 모습을 보시고 저마다 당신의 국토에서 사바세계로 오시어 석가여래 부처님과 만나 서로 인사를 나누셨다. 그러고 나서 일곱 분의 부처님은 전생의 본디 원력으로 말미암아 천상의 보배로 장엄한 사자좌에 앉으셨다.

諸菩薩衆　天龍八部　人非人等　國
제 보 살 중　천 룡 팔 부　인 비 인 등　국

王王子　中宮妃主　並諸大臣　婆羅
왕 왕 자　중 궁 비 주　병 제 대 신　바 라

門長者居士　前後圍繞　而為說法。
문 장 자 거 사　전 후 위 요　이 위 설 법

時　諸天衆　見彼如來
시　제 천 중　견 피 여 래

皆已雲集　生大希有　疑惑便除。
개 이 운 집　생 대 희 유　의 혹 변 제

時諸大衆　歎未曾有　同聲讚言。
시 제 대 중　탄 미 증 유　동 성 찬 언

善哉善哉　釋迦如來
선 재 선 재　석 가 여 래

饒益我等　為除疑念
요 익 아 등　위 제 의 념

令彼如來　皆至於此。
영 피 여 래　개 지 어 차

그리고 모든 보살과 하늘 신, 용, 팔부신중, 사람, 사람이 아닌 중생, 임금, 왕자, 왕후, 공주, 많은 대신, 바라문, 장자, 거사들에게 앞뒤로 둘러싸여 법을 설하셨다.

그때 하늘 신들은 일곱 분의 부처님 주변으로 구름처럼 모인 대중의 모습을 보고는 참으로 희유한 일이라는 생각이 들며 갖고 있던 의혹이 바로 풀리게 되었다. 그제야 하늘 신들은 일찍이 없던 일이라 감탄하며 한목소리로 찬탄하여 말하였다.

"참으로 훌륭하고 훌륭하십니다. 석가여래 부처님이시여! 저희를 이롭게 하고 우리들의 의혹을 풀어주기 위하여 일곱 분의 부처님을 모두 이곳에 오시도록 하셨습니다."

時諸大衆　各隨其力　以妙香華
시 제 대 중　각 수 기 력　이 묘 향 화

及衆瓔珞　諸天伎樂　供養如來
급 중 영 락　제 천 기 악　공 양 여 래

右繞七匝　合掌禮敬　讚言。
우 요 칠 잡　합 장 예 경　찬 언

希有希有　諸佛如來　甚深境界　不
희 유 희 유　제 불 여 래　심 심 경 계　불

可思議。由先願力　善巧方便　共現
가 사 의　유 선 원 력　선 교 방 편　공 현

如是　奇異之相。
여 시　기 이 지 상

爾時　大衆　各各發願
이 시　대 중　각 각 발 원

願諸衆生　皆得如是　如來勝定。
원 제 중 생　개 득 여 시　여 래 승 정

210

그러고 나서 하늘 신들은 저마다 정성껏 오묘하게 향기로운 꽃, 찬란한 온갖 옥구슬, 하늘 신의 춤과 노래로 부처님께 공양을 올리고 존경의 표시로 오른쪽으로 일곱 번을 돌며 두 손 모아 예배하고 공경하며 찬탄하여 말하였다.

"희유하고 희유한 일이오니, 모든 부처님의 깊고 깊은 경계는 참으로 불가사의합니다. 이는 본원력의 훌륭한 방편으로 말미암아 이와 같은 신기하고 특이한 모습이 함께 드러나는 것입니다."

이때 대중들은 저마다 발원하기를 "바라옵건대 모든 중생이 다 이와 같은 여래의 뛰어난 선정을 얻게 하여 주옵소서."라고 하였다.

爾時 曼殊室利 卽從座起合掌恭敬
이시 만수실리 즉 종 좌 기 합 장 공 경

繞佛七匝 禮雙足已 白言世尊。
요 불 칠 잡 예 쌍 족 이 백 언 세 존

善哉善哉 如來定力 不可思議。
선 재 선 재 여 래 정 력 불 가 사 의

由本願力 方便善巧 成就衆生。
유 본 원 력 방 편 선 교 성 취 중 생

唯願爲說 大力神咒 能令來世 薄
유 원 위 설 대 력 신 주 능 령 내 세 박

福衆生 病惱所纏 日月星辰 所有
복 중 생 병 뇌 소 전 일 월 성 신 소 유

厄難 疫病怨惡 及行險道 遭諸恐
액 난 역 병 원 악 급 행 험 도 조 제 공

怖 爲作歸依 令得安隱。
포 위 작 귀 의 영 득 안 은

212

그때 문수보살이 자리에서 일어나 두 손을 모으고 공손히 존경하는 마음으로 부처님을 일곱 번 돌고 두 발 아래 예배를 올리며 부처님께 사뢰었다.

"너무나 좋고도 좋은 일이니 부처님 선정의 힘은 참으로 불가사의합니다. 본원력의 정당한 방편으로 중생의 믿음을 이루게 하십니다.

다만 바라옵건대 '부처님의 힘이 흘러나오는 신통한 주문'을 설하시어, 오는 세상에서 박복한 중생들이 시달리는 병고, 해와 달과 별자리 변동으로 오는 재앙이나 나쁜 돌림병, 험난한 여정에서 오는 공포에서 벗어나 부처님께 귀의하여 편안하고 행복하게 해 주시옵소서.

彼諸衆生 於此神咒 若自書 教人
피 제 중 생　어 차 신 주　약 자 서　교 인

書 受持讀誦 廣為他說 常蒙諸佛
서　수 지 독 송　광 위 타 설　상 몽 제 불

之所護念 佛自現身 令願滿足 不
지 소 호 념　불 자 현 신　영 원 만 족　불

墮惡趣 亦無橫死。
타 악 취　역 무 횡 사

時諸如來 讚曼殊室利言。
시 제 여 래　찬 만 수 실 리 언

善哉善哉
선 재 선 재

此是我等 威神之力 令汝勸請
차 시 아 등　위 신 지 력　영 여 권 청

哀愍衆生 離諸苦難 為說神咒。
애 민 중 생　이 제 고 난　위 설 신 주

汝應諦聽 善思念之 我當為說。
여 응 체 청　선 사 념 지　아 당 위 설

214

어떤 중생이 이 신주를 사경하거나 남을 시켜 사경하여 받아 지니고 독송하며 널리 다른 사람을 위하여 일러 준다면, 늘 모든 부처님께서 몸소 나타나 소원을 들어주시며 나쁜 세상 어디에도 떨어지지 않게 하시고 횡사하는 일도 없게 하실 것입니다."

이때 부처님께서 문수보살을 칭찬하여 말씀하셨다.

"착하고 착하도다. 이것은 부처님의 위엄과 신통이니, 이 힘으로 그대가 간절히 법을 청하여 가련한 중생을 모든 병고의 재난에서 벗어나게 할 '부처님의 힘이 흘러나오는 신통한 주문'을 설하게 하는구나.
그대는 자세히 듣고 잘 생각하라. 내가 마땅히 신주를 설하리라.

曼殊室利
만 수 실 리

有大神咒 名曰 如來定力琉璃光。
유 대 신 주 명 왈 여 래 정 력 유 리 광

若有男子女人 書寫讀誦 恭敬供養
약 유 남 자 여 인 서 사 독 송 공 경 공 양

於諸含識 起大悲心 所有願求 皆
어 제 함 식 기 대 비 심 소 유 원 구 개

得滿足。
득 만 족

諸佛現身 而爲護念
제 불 현 신 이 위 호 념

離衆障惱 當生佛國。
이 중 장 뇌 당 생 불 국

時 七如來 以一音聲 卽說咒曰
시 칠 여 래 이 일 음 성 즉 설 주 왈

문수보살이여,

'부처님의 힘이 흘러나오는 신통한 주문'의 이름
은 '부처님의 마음에서 나오는 맑고 투명한 유리
빛[如來定力瑠璃光]'이라 한다.

어떤 사람이든 이 신주를 사경하고 독송하며, 부
처님을 공경하고 공양을 올리면서 모든 중생에
게 대자대비의 마음을 일으킨다면, 그 사람이 바
라는 대로 온갖 것을 빠짐없이 다 갖추게 될 것
이다.

모든 부처님이 몸을 나토시어 보호를 해 줄 것이
고, 온갖 장애와 번뇌에서 벗어날 것이며, 부처
님의 국토에 태어날 것이다."

그때 일곱 분의 부처님께서 한목소리로 '부처님
의 공덕이 흘러나오는 신통한 주문'을 말씀하시
었다.

칠불여래 부처님 다라니

달질타 구미구미 예니미니히 말저말저 삽다달
타 아다삼마지 알제슬치제 알제말제 파예 파피
수단이 살바파피나세야 발제발도 올답미 오미
구미 불탁기달라 발리수단이 담미녜담미 미로
미로 미로시걸려 살바가라 밀율도 니바라이 발
제소발제 불타알제 슬타니나 갈락차도미 살바
제바 삼미알삼미 삼만다 한란도미 살바불타 보
제살타 접미접미 발라접만도미 살바이저 오파
달바 살바비하대야 살바살타 난자보란니 보란
니 보란야미 살바아사 페유리야 발라저바세 살
바파피 차양갈려 사바하.

218

칠불여래 부처님 다라니

달질타 구미구미 예니미니히 말저말저 삽다달타 아다삼마지 알제슬치제 알제말제 파예 파피수단이 살바파피나세야 발제발도 올담미 오미구미 블탁기달라 발리수단이 담미녜담미 미로미로 미로시걸려 살바가라 밀율도 니바라이 발제소발제 블타알제 슬타니나 갈락차도미 살바제바 삼미알삼미 삼만다 한란도미 살바블타 보제살타 점미점미 발라점만도미 살바이저 오파달바 살바비하대야 살바살타 난자보란니 보란니 보란야미 살바아사 폐유리야 발라저바세 살바파피 차양갈려 사바하.

爾時 七佛 說此咒時 光明普照
이 시 칠 불 설 차 주 시 광 명 보 조

大地震動 種種神變 一時俱現。 時
대 지 진 동 종 종 신 변 일 시 구 현 시

諸大衆 見此事已 各各隨力
제 대 중 견 차 사 이 각 각 수 력

以天香花 塗香末香 奉上彼佛
이 천 향 화 도 향 말 향 봉 상 피 불

咸唱 善哉 右繞七匝。
함 창 선 재 우 요 칠 잡

彼佛世尊 同聲唱言。
피 불 세 존 동 성 창 언

汝等一切 人天大衆 應如是知。 若
여 등 일 체 인 천 대 중 응 여 시 지 약

有善男子 善女人 若王王子 妃後
유 선 남 자 선 여 인 약 왕 왕 자 비 후

大臣 寮庶之類 若於此咒 受持讀
대 신 요 서 지 류 약 어 차 주 수 지 독

誦 聽聞演說 以妙香花供養經卷。
송 청 문 연 설 이 묘 향 화 공 양 경 권

일곱 분의 부처님께서 이 신주를 설하실 때, 광명이 두루 비치고 온 대지가 진동하며 갖가지 신통과 변화가 한꺼번에 나타났다.

이에 모든 대중은 이런 모습을 보고 저마다 정성껏 천상의 향기를 지닌 꽃, 바르는 향, 가루 향을 부처님께 바치고 다 함께 "참으로 희유한 일입니다!"라고 찬탄하며 존경의 표시로 오른쪽으로 일곱 번을 돌았다.

모든 부처님께서도 한목소리로 말씀하셨다.

"그대들 모든 사람이나 하늘 신들은 이와 같이 알아야 한다. 만약 선남자, 선여인, 임금, 왕후, 왕자, 대신, 관료, 백성들이 이 신주를 받아 지녀 독송하고 이 신주의 공덕을 말하는 내용을 듣는다면, 미묘한 향과 꽃으로 이 경전에 공양을 올려야 한다.

著新淨衣　在淸淨處　持八戒齋　於
착 신 정 의　재 청 정 처　지 팔 계 재　어

諸含識[1]　常生慈愍　如是供養　得無
제 함 식　상 생 자 민　여 시 공 양　득 무

量福。若復有人　有所祈願　應當造
량 복　약 부 유 인　유 소 기 원　응 당 조

此　七佛形像　可於靜處　以諸香華
차　칠 불 형 상　가 어 정 처　이 제 향 화

懸繒幡蓋　上妙飮食　及諸伎樂　而
현 증 번 개　상 묘 음 식　급 제 기 악　이

爲供養　並復供養　菩薩諸天。在佛
위 공 양　병 부 공 양　보 살 제 천　재 불

像前　端坐誦咒　於七日中　持八戒
상 전　단 좌 송 주　어 칠 일 중　지 팔 계

齋　誦滿一千八遍。彼諸如來　及諸
재　송 만 일 천 팔 편　피 제 여 래　급 제

菩薩　悉皆護念　執金剛菩薩　並諸
보 살　실 개 호 념　집 금 강 보 살　병 제

釋梵　四天王等　亦來護衛。
석 범　사 천 왕 등　역 래 호 위

---

1. 함식含識은 신령스런 알음알이를 가지고 있다는 뜻으로 중생을 이르는 말이다.

깨끗한 새 옷을 입고 맑고 깨끗한 곳에서 팔관재계를 지키며 모든 중생에게 늘 자비로운 마음을 내면서 정성껏 공양을 올린다면 한량없는 복을 얻게 될 것이다."

"또 기도를 올릴 때는 일곱 분 부처님의 성스러운 모습을 조성하여 고요한 곳에 모시고 온갖 향기로운 향, 아름다운 꽃, 비단 깃발과 양산, 좋은 음식, 춤과 노래로 공양을 올리고, 아울러 보살과 모든 하늘 신에게도 공양을 올려야 한다.

부처님의 성스러운 모습 앞에서 단정히 앉아 신주를 외우며 7일 동안 팔관재계를 지키면서 1080번을 외워야 한다. 그러면 모든 부처님과 보살들이 다 보살펴 주고 금강저를 든 보살, 제석천, 범천, 사대천왕들도 와서 그 사람을 호위하게 될 것이다.

此人所有 五無間罪 一切業障
차인소유 오무간죄 일체업장

悉皆消滅 無病延年 亦無橫死
실개소멸 무병연년 역무횡사

及諸疾疫。
급제질역

他方賊盜 欲來侵境 鬪諍戰陣
타방적도 욕래침경 투쟁전진

言訟仇隙 饑儉旱澇 如是等怖
언송구극 기검한로 여시등포

一切皆除 共起慈心 猶如父母
일체개제 공기자심 유여부모

有所願求 無不遂意。
유소원구 무불수의

爾時 執金剛菩薩 釋梵四天王
이시 집금강보살 석범사천왕

從座而起 合掌恭敬
종좌이기 합장공경

禮釋迦牟尼佛足 白言世尊。
예석가모니불족 백언세존

무간지옥에 들어갈 다섯 가지 죄[1]와 모든 업장이 전부 다 없어지고 병이 없이 오래 살며 횡사하거나 돌림병으로 죽는 일도 없게 될 것이다.

다른 나라의 침략, 전쟁, 재판으로 원수지는 일, 굶주리는 흉년, 가뭄, 장마와 같은 모든 재난에 대한 두려움이 남김없이 제거되고 어버이처럼 자비로운 마음이 나오니 바라는 것이 뜻대로 다 이루어지지 않을 게 없다."

그때 금강저를 든 보살, 제석천, 범천, 사대천왕이 자리에서 일어나 두 손 모아 공경하며 석가모니 부처님의 발에 예배를 올리고 사뢰었다.

---

1. 오무간죄는 무간지옥에 떨어진다고 하는 다섯 가지 죄악을 말한다. 첫 번째는 부처님의 몸에 피를 내는 죄악이요, 두 번째는 아버지를 죽인 죄악이며, 세 번째는 어머니를 죽인 죄악이고, 네 번째는 아라한을 죽인 죄악이며, 다섯 번째는 대중들의 화합을 깨뜨린 죄악이다.

我等大衆 皆已得聞 諸佛本願
아 등 대 중 개 이 득 문 제 불 본 원

殊勝功德 及見諸佛 慈悲至此
수 승 공 덕 급 견 제 불 자 비 지 차

令我衆生 親承供養。
영 아 중 생 친 승 공 양

世尊 若於其處 有此經典
세 존 약 어 기 처 유 차 경 전

及七佛名 陀羅尼法 流通供養
급 칠 불 명 다 라 니 법 유 통 공 양

乃至書寫 我等悉皆 承佛威力
내 지 서 사 아 등 실 개 승 불 위 력

即往其處 擁護於彼。國王大臣
즉 왕 기 처 옹 호 어 피 국 왕 대 신

城邑聚落 男子女人 勿令衆苦
성 읍 취 락 남 자 여 인 물 령 중 고

及諸疾病 之所煩惱 常得安穩
급 제 질 병 지 소 번 뇌 상 득 안 온

財食豐足 我等即是 報諸佛恩。
재 식 풍 족 아 등 즉 시 보 제 불 은

"세존이시여, 저희 대중은 모두 모든 부처님 본디 원력의 뛰어난 공덕을 듣고 그분들의 자비심이 여기까지 미치는 것을 보고, 직접 몸소 부처님께 공양을 올리게 되었습니다.

세존이시여,
만약 어떤 사람이 이 경전과 일곱 분 부처님 명호와 다라니가 있는 곳에서 이를 널리 유통하고 공양을 올리며 한 자씩 한 자씩 정성껏 옮겨 쓴다면, 저희는 모두 부처님의 위엄과 신통으로 그곳에 나아가 그들을 감싸 안고 보호할 것입니다.

임금, 대신, 도시나 시골의 온갖 남녀에게 어떤 고통이나 질병으로 인한 번뇌 없이 늘 안락하고 재물과 의식이 풍족하도록 하겠으니, 이것이 곧 저희가 모든 부처님의 깊은 은혜에 보답하는 것입니다.

世尊 我等 親於佛前 自立要誓
세존 아등 친어불전 자립요서

若有淨信 男子女人 憶念我者
약유정신 남자여인 억념아자

應誦此咒。
응송차주

卽說咒曰
즉설주왈

세존이시여, 저희가 부처님 앞에서 직접 중요한
서원을 세웠으니, 만약 깨끗한 믿음을 지닌 선남
자 선여인이 저희를 기억하고 있다면 이 신주를
외워야만 합니다."

그리고는 곧 신주를 설하여 말하였다.

금강저를 든 보살과 제석천의 다라니

달질타 요구막구 달라구 마마구구쇄 가호갑
말라말라말라 긴수쇄포쇄 사바하.

금강저를 든 보살과 제석천의 다라니

달질타 요구막구 달라구 마마구구쇄 가호갑
말라말라말라 긴수쇄포쇄 사바하.

若有淨信　男子女人　國王王子
약유정신　남자여인　국왕왕자

大臣輔相　中宮婇女　誦七佛名
대신보상　중궁채녀　송칠불명

及此神咒　讀誦書寫　恭敬供養
급차신주　독송서사　공경공양

現世皆得　無病長壽　離衆苦惱
현세개득　무병장수　이중고뇌

不墮三途　得不退轉　乃至菩提。
불타삼도　득불퇴전　내지보리

彼諸佛土　隨意受生　常見諸佛
피제불토　수의수생　상견제불

得宿命智　念定總持[1]　無不具足。
득숙명지　염정총지　무불구족

若患鬼瘧等病　當書此咒　繫之肘後
약환귀학등병　당서차주　계지주후

病若差已　置清淨處。
병약차이　치청정처

---

1. '다라니'란 말은 많은 뜻을 가지고 있으므로 범어 그대로 두고 번역하지 않는다. 억지로 번역하면 '총지總持'라고 하니, 티끌 수 모래알만큼의 공덕 작용을 총체적으로 지니고 있다는 뜻을 의미한다. 이 주문에 들어있는 미묘한 뜻과 신비한 힘은 말로 다 설명할 수 없고 중생의 생각으로 헤아릴 수 없어 '신주' 또는 '비밀주'라고 하며 또 '진언'이라 말하기도 한다. '주呪'에 담겨 있는 부처님의 뜻을 어떤 각도에서 풀이하느냐에 따라 이름이 달라질 뿐 그 근본 바탕은 같다.

"또 깨끗한 믿음을 지닌 선남자, 선여인, 임금, 왕자, 왕후, 궁녀, 대신, 관료들이 일곱 분의 부처님 명호를 부르고 이 신주를 독송하고 사경하며 부처님께 공경하는 마음으로 공양을 올린다면, 그 누구나 다 현세에 병이 없이 오래 살고, 온갖 고뇌를 벗어나 나쁜 세상 어디에도 떨어지지 않으며, 수행에서 물러나지 않고 정진하여 부처님의 세상을 얻게 될 것입니다.

그리고 일곱 분 부처님의 세계에 마음먹은 대로 태어나 항상 모든 부처님을 뵙고 전생을 알 수 있는 신통을 얻으며, 정념正念, 정정正定, 총지를 다 갖추지 않을 것이 없습니다.
또 귀신에게 시달리거나 학질 같은 병을 앓는다면, 이 신주를 써놓은 부적을 팔꿈치 뒷부분의 옷 속에 매어 두었다가 병이 나은 뒤에는 맑고 깨끗한 곳에 잘 보관해야 합니다."

爾時 執金剛菩薩 詣七佛所
이시 집금강보살 예칠불소

右繞三匝 各申禮敬 白言。
우요삼잡 각신예경 백언

世尊 惟願慈悲 護念於我 我今為
세존 유원자비 호념어아 아금위

欲 饒益未來 男子女人 持是經者
욕 요익미래 남자여인 지시경자

我更為說 陀羅尼咒。
아갱위설 다라니주

時彼七佛 讚執金剛言。
시피칠불 찬집금강언

善哉善哉 執金剛。我加護汝 可說
선재선재 집금강 아가호여 가설

神咒 為護未來 持經之人 令無眾
신주 위호미래 지경지인 영무중

惱 所求滿足。
뇌 소구만족

時 執金剛菩薩 卽說咒曰
시 집금강보살 즉설주왈

234

그때 '금강저를 든 보살'이 일곱 부처님 앞에 나아가 존경의 표시로 오른쪽으로 세 번 돌고 공손히 예배를 올린 다음 사뢰었다.

"세존이시여, 원하옵건대 자비를 베푸시어 저를 지키고 보호하여 주시옵소서! 이제 저는 오는 세상에서 이 경전을 지닌 선남자 선여인에게 많은 이익을 주기 위하여 다시 '다라니 주문'을 설하겠습니다."

이에 일곱 분 부처님은 '금강저를 든 보살'을 칭찬하여 말씀하셨다.

"착하고 착하도다, '금강저를 든 보살'이여! 우리가 그대를 더욱 보살펴 줄 것이니 신주를 설하여 오는 세상에서 이 경전을 지닌 사람을 지키고 보호하여 온갖 고뇌에서 벗어나게 하며 그들이 구하는 바를 다 갖추게 해 주어야 한다."

그때 '금강저를 든 보살'이 다라니를 설하였다.

금강저를 든 보살 다라니

남마삽다남 삼먁삼불타남 남마살바발절라 달라 남 달질타 옴 발절쇄 발절쇄막하 발절쇄 발절라 파사 타라이삼마 삼마삼만다 아발라저 알다발 절쇄 접마접마 발라접만도미 살바하대야 구로 구로 살바갈마 아대라나 이차야삼마야 말노삼 말라 부가반발절라 파이살바사 미발리 보라야 사바하.

금강저를 든 보살 다라니

남마삽다남 삼먁삼불타남 남마살바발절라 달라
남 달질타 옴 발절쇄 발절쇄막하 발절쇄 발절라
파사 타라이삼마 삼마삼만다 아발라저 알다발
절쇄 접마접마 발라접만도미 살바하대야 구로
구로 살바갈마 아대라나 이차야삼마야 말노삼
말라 부가반발절라 파이살바사 미발리 보라야
사바하.

世尊　若復有人　持七佛名　憶念彼
세존　약부유인　지칠불명　억념피

佛　本願功德　並持此咒　讀誦演說
불　본원공덕　병지차주　독송연설

我令彼人　所願滿足　無所乏少。
아령피인　소원만족　무소핍소

若欲見我　問善惡者　應當書寫此經
약욕견아　문선악자　응당서사차경

造七佛像　並執金剛菩薩像　皆於像
조칠불상　병집금강보살상　개어상

身　安佛舍利　於此像前　如上所說
신　안불사리　어차상전　여상소설

種種供養　禮拜旋繞。
종종공양　예배선요

於衆生處起慈悲心　受八戒齋　日別
어중생처기자비심　수팔계재　일별

三時　澡浴清淨　三時　衣別從白。
삼시　조욕청정　삼시　의별종백

"또 세존이시여, 어떤 사람이 일곱 분의 부처님 명호를 지니고 그 부처님 본원력의 공덕을 기억하며 이 다라니를 수지독송하고 다른 사람에게 말하여 준다면, 저는 그 사람의 소원이 다 이루어져 부족함이 없도록 하겠습니다.

또 저를 만나 좋은 일이나 나쁜 일을 묻고자 하는 사람이 있다면, 마땅히 이 경전을 한 자씩 한 자씩 정성껏 옮겨 쓰고 일곱 부처님과 '금강저를 든 보살'의 성스러운 모습을 만들어 그 앞에 부처님의 사리를 모셔 두어야 합니다.

그리고 이 성스러운 모습 앞에 온갖 공양을 올리고 예배하며 존경의 표시로 오른쪽으로 돌아야 합니다. 또한 중생에게 자비로운 마음을 일으키며 팔관재계를 받아 하루 세 때 깨끗하게 목욕하고 다른 옷으로 갈아입어 정갈해야 합니다.

月八日 至十五日
월 팔 일 지 십 오 일

每日誦咒 一百八遍 心無散亂。
매 일 송 주 일 백 팔 편 심 무 산 란

我於夢中 卽自現身 共爲言說
아 어 몽 중 즉 자 현 신 공 위 언 설

隨所求者 皆令滿足。
수 소 구 자 개 령 만 족

時 大會中 有諸菩薩 皆悉唱言
시 대 회 중 유 제 보 살 개 실 창 언

善哉善哉 執金剛
선 재 선 재 집 금 강

陀羅尼 不可思議 實爲善說。
다 라 니 불 가 사 의 실 위 선 설

초파일부터 보름날까지 칠일 밤낮으로 매일 '다라니 신주'를 108번씩 외워 산란한 마음이 없어야 합니다. 그러면 제가 꿈속에서 나타나 좋은 일이나 나쁜 일을 설하여 그들이 원하는 바를 모두 만족시키도록 하겠습니다."

그때 그 법회에 있던 모든 보살이 다 함께 찬탄하여 말하였다.

"참 잘하신 일입니다. 금강저를 든 보살이여! 불가사의한 '다라니 신주'를 참으로 잘 말씀해 주셨습니다."

時 七如來 作如是語 我等 護汝所說
시 칠여래 작여시어 아등 호여소설

神咒 爲欲饒益 一切衆生 皆得安樂
신주 위욕요익 일체중생 개득안락

所求願滿。 不令此咒 隱沒於世。
소구원만 불령차주 은몰어세

爾時 七佛 告諸菩薩 釋梵四天王 曰
이시 칠불 고제보살 석범사천왕 왈

我今 以此神咒 付屬汝等 並此經卷
아금 이차신주 부속여등 병차경권

於未來世 後五百歲 法欲滅時
어미래세 후오백세 법욕멸시

汝等皆應 護持是經 此經威力
여등개응 호지시경 차경위력

利益甚多 能除衆罪 善願皆遂。
이익심다 능제중죄 선원개수

242

11장. 신주와 경전으로 소원을 성취하다

이에 일곱 분의 부처님께서 말씀하셨다.

"우리는 그대가 설한 '다라니 신주'를 잘 지키고 보호하여, 모든 중생이 이익을 얻어 안락해지고 소원을 다 이루도록 하겠다. 또 이 신주가 세상에서 없어지지 않도록 하겠다."

그리고 다시 일곱 분의 부처님은 모든 보살, 제석천, 범천, 사대천왕에게 말씀하셨다.

"우리가 지금 '다라니 신주'와 경전을 그대들에게 잘 보존하도록 당부하니, 오는 세상 오백 년 뒤 불법이 없어지려 할 때, 그대들은 모두 이 경전을 잘 지키고 보호해야 할 것이다. 이 경전의 위력과 이익은 참으로 크니 온갖 죄가 없어지고 참된 소원을 다 이루게 한다.

勿於薄福衆生 誹謗正法 毀賢聖者
물 어 박 복 중 생　비 방 정 법　훼 현 성 자

授與斯經 令法速滅。
수 여 사 경　영 법 속 멸

爾時 東方 七佛世尊 見此大衆
이 시　동 방　칠 불 세 존　견 차 대 중

所作已辦 機緣滿足 無復疑心
소 작 이 판　기 연 만 족　무 부 의 심

各還本土 於其座上 忽然不現。
각 환 본 토　어 기 좌 상　홀 연 불 현

爾時 具壽阿難陀
이 시　구 수 아 난 다

即從座起 禮佛雙足 右膝著地
즉 종 좌 기　예 불 쌍 족　우 슬 착 지

合掌恭敬 而白佛言
합 장 공 경　이 백 불 언

世尊 當何名此經 我等 云何受持
세 존　당 하 명 차 경　아 등　운 하 수 지

그러나 정법을 비방하고 성현을 헐뜯는 박복한 중생에게 이 경전을 함부로 전하여 부처님의 법이 쉽게 사라지는 일은 없도록 하라."

그때 동방세계에서 오신 일곱 분의 부처님께서 대중이 깨달음을 얻고 근기와 인연이 모두 충족되어 또 다른 의심이 없음을 아시고 저마다의 불국토로 돌아가시니 사자좌에서 홀연 그 모습이 사라졌다.

그때 비구 아난이 자리에서 일어나 부처님의 두 발에 예배를 올리고 존경의 표시로 오른쪽 무릎을 땅에 대고 두 손 모아 공손하게 부처님께 사뢰었다.

"세존이시여, 이 경전의 이름을 무어라 불러야 하고 저희는 어떻게 받아 지녀야 합니까?"

佛告 阿難陀
불고 아난다

此經名爲 七佛如來
차 경 명 위 칠 불 여 래

應正等覺 本願功德 殊勝莊嚴
응 정 등 각 본 원 공 덕 수 승 장 엄

亦名 曼殊室利 所問
역 명 만 수 실 리 소 문

亦名 藥師琉璃光 如來本願功德
역 명 약 사 유 리 광 여 래 본 원 공 덕

亦名 執金剛菩薩 發願要期
역 명 집 금 강 보 살 발 원 요 기

亦名 淨除一切業障
역 명 정 제 일 체 업 장

亦名 所有願求 皆得圓滿
역 명 소 유 원 구 개 득 원 만

亦名 十二大將 發願護持。
역 명 십 이 대 장 발 원 호 지

如是名字 汝當奉持。
여 시 명 자 여 당 봉 지

246

부처님께서 아난에게 말씀하셨다.

"이 경의 이름은 일곱 분 부처님의 공덕에 대한 뛰어난 가르침이라고 하여 '칠불여래응정등각 본원공덕 수승장엄경'이라 한다. 또한 문수보살의 질문에 대한 가르침이라 하여 '문수실리 소문경', 약사유리광 부처님의 본원력에 대한 가르침이라 하여 '약사유리광여래 본원공덕경', 금강저를 든 보살의 발원에 대한 가르침이라 하여 '집금강보살 발원요기경', 중생의 모든 업장을 깨끗이 없애는 가르침이라 하여 '정제일체업장경', 소원대로 모든 것을 다 오롯하게 만족시키는 가르침이라 하여 '소유원구 개득원만경', 열두 야차대장이 부처님의 가르침을 지키고 보호하고자 원력을 세우는 '십이대장 발원호지경'이라 하기도 하니, 그대들은 이와 같은 이름으로 이 경전을 받들어 지녀야 한다."

時 薄伽梵 說是經已 諸大菩薩 及
시 바가범 설시경이 제대보살 급

聲聞衆 天龍藥叉 建闥婆 阿蘇羅
성문중 천룡야차 건달바 아수라

揭路荼 緊那羅 莫呼洛伽 人非人
가루다 긴나라 마후라가 인비인

等 一切大衆 聞佛所說 皆大歡喜
등 일체대중 문불소설 개대환희

信受奉行。
신 수 봉 행

이때 부처님께서 이 가르침을 설해 마치자 모든 큰 보살님, 성문, 하늘 신, 용, 야차, 건달바, 아수라, 가루다, 긴나라, 마후라가, 사람, '사람의 모습을 갖추지 못한 중생' 등 모든 대중이 부처님의 가르침을 듣고 다 함께 기뻐하며 이 경전을 믿고 받들어 그 가르침을 실천하였다.

【회향문】

      (   ) 사경 제자는
부처님 전에 사경을 마친 경전을 바칩니다.

경을 쓰는 이 공덕이 보살들의 뛰어난 삶
끝도 없이 뛰어난 복 온갖 공덕 회향하니
이 힘으로 원하건대 무명 속의 모든 중생
지금 바로 부처님의 극락정토 가옵소서.

나무 석가모니불
나무 석가모니불
나무 시아본사석가모니불

20　년　월　일　불제자　　　정례(頂禮)

정성껏 쓰신 사경을 활용하는 방법

1. 정성껏 쓰신 사경본은 본인이 지니고 독송용으로 소장하면서, 집안의 가보로 삼으셔도 됩니다.

2. 또한 사경본을 집안 식구나 가까운 친지 주변 도반들에게 법공양을 올려 부처님과 인연을 맺어주면, 뒷날 그들이 다시 나쁜 세상에 태어나지 않는 좋은 인연이 됩니다.

3. 육신을 벗어난 영가를 천도하기 위하여 쓰신 경전은 사십구재나 기일이 되어, 그들의 극락왕생을 위한 의식을 진행할 때, 절의 소대에서 도솔천으로 올려보내기도 합니다.

4. 법당이나 성스러운 불상 또는 부처님의 탑을 조성할 때 복장용으로 안치하여, 오랜 세월이 흐른 뒤에도 정법이 이어지는 공덕을 짓기도 합니다.

원순 스님이 풀어쓰거나 강설한 책들

능엄경 1, 2   중생계는 중생의 망상으로 생겨났음을 일깨우며, 번뇌를 벗어나

부처님 마음자리로 들어가는 가르침과 능엄신주를 설한 경전

규봉스님 금강경   금강경을 논리적으로 풀어가고 있는

기존의 시각과 다른 새로운 금강경 해설서

부대사 금강경   경에 담긴 뜻을 부대사가 게송으로 풀어낸 책

야부스님 금강경   경의 골수를 선시로 풀어 가슴을 뚫는 문학적 가치가 높은 책

육조스님 금강경   금강경의 이치를 대중적으로 쉽게 풀어쓴 금강경 기본 해설서

종경스님 금강경   아름다운 게송으로 금강경 골수를 드러내는 명쾌한 해설서

함허스님 금강경   다섯 분의 금강경 풀이를 연결하여 꿰뚫어 보게 하면서

금강경의 전개를 파악하고 근본 가르침을 또렷이 알 수 있게

설명한 험허스님의 걸작

지장경   지장보살의 전생 이야기와 그분의 원력이 담긴 경진

연꽃법화경   모든 중생이 부처님이라는 혁신적인 내용을 담고 있으면서도

고전문학의 가치를 지닌 경전

연경별찬   설잠 김시습이 『연꽃법화경』을 찬탄하여 쓴 글

한글 원각경   함허득통 스님이 주해한 원각경을 알기 쉽게 풀어쓴 글

초발심자경문   이 세상 모든 사람을 위한 마음 닦는 글

치문 1 · 2 · 3권   생활 속에서 가까이 해야 할 선사들의 주옥같은 가르침

선가귀감   경전과 어록에서 선의 요점만 추려 엮은 '선 수행의 길잡이'

큰 믿음을 일으키는 글 불교 논서의 백미로 꼽히는 『대승기신론 소·별기』 번역서

마음을 바로 봅시다 上下 『종경록』 고갱이를 추린 『명추회요』 국내 최초 번역서

선요	선의 참뜻을 일반 불자들도 알 수 있도록 풀이한 글
몽산법어	간화선의 교과서로 불리는 간화선 지침서
禪 스승의 편지	선방 수좌들의 필독서, 대혜 스님의 『서장書狀』 바로 그 책
절요	'선禪의 종착지로 가는 길'을 알려주는 보조지눌 스님의 저서
진심직설	행복한 마음을 명료하게 설명해 주는 참마음 수행 지침서
선원제전집도서	선과 교의 전체 내용을 체계적으로 정리한 참 좋은 책
무문관	선의 종지로 들어갈 문이 따로 없으니 오직 화두만 참구할 뿐.
정혜결사문	이 시대에 정혜결사의 뜻을 생각해 보게 하는 보조 스님의 명저

선문정로	퇴옹성철 큰스님께서 전하시는 '선의 종착지는 어디인가?'
육조단경 덕이본	육조스님 일대기와 가르침을 극적으로 풀어낸 선종 으뜸 경전
돈오입도요문론	단숨에 깨달아 도에 들어가는 가르침을 잘 정리한 책
신심명·증도가	마음을 일깨워 주는 게송으로서 영원한 선 문학의 정수
한글 법보 염불집	불교 의식에 쓰이는 어려운 한문 법요집을 그 뜻을 이해하고 염불할 수 있도록 아름다운 우리말로 풀어씀

신심명 강설	신심명 게송을 하나하나 알기 쉽게 풀어 선어록의 이해를 돕는 간결한 지침서
선禪 수행의 길잡이	선과 교를 하나로 쉽게 이해하는 『선가귀감』을 강설한 책
돈황법보단경 강설	육조스님 가르침을 간결하고 명료하게 담고 있는 책. 저자의 강설이 실려 있어 깊은 뜻을 쉽게 이해할 수 있는 책

독송용 경전 _ 우리말 금강반야바라밀경
우리말 관세음보살보문품
약사유리광 칠불본원공덕경

원순 스님

해인사 백련암에서 성철 스님을 은사로 모시고 출가하여
해인사·송광사·봉암사 등 제방선원에서 정진하였다.
『명추회요』를 번역한 『마음을 바로 봅시다』 『한글원각경』 『육조단경』 『선요』
『선가귀감』을 강설한 『선수행의 길잡이』 등 다수의 불서를 펴냈으며
난해한 원효 스님의 『대승기신론 소·별기』를 『큰 믿음을 일으키는 글』로 풀이하였다.
현재 송광사 인월암에서 안거 중.

약사경 우리말 사경본

초판 발행 | 2021년 1월 27일
초판 3쇄 | 2022년 9월 26일
펴낸이 | 열린마음
풀어쓴이 | 원순

펴낸곳 | 도서출판 법공양
등록 | 1999년 2월 2일 · 제1-a2441
주소 | 110-170 서울시 종로구 삼봉로 81
두산위브파빌리온 836
전화 | 02-734-9428
팩스 | 02-6008-7024
이메일 | dharmabooks@chol.com

ⓒ 원순, 2022
ISBN 978-89-89602-05-7

값 12,000원